初学者のための
アーチャー実在論的社会理論
の要諦

－社会科学基礎論の可能性－

松森　武嗣

まえがき

　戦後社会学の系譜を辿れば、1970 年代までは、行為や社会関係を精密に追究する傾向と、構造―機能主義の社会学といえるものであったが、70 年代後半以降は、一般理論の構築から離脱する傾向を強め、シンボリック相互作用論、現象学的社会学、エスノメソッドロジーや、文化相対主義を支えるポストモダニズム的思潮が現れた。なかでも、ルーマン、ハーバーマス、ブルデューらの理論構築は、大きな理論的革新の動きであった。70 ～ 80 年代の理論的営為が「近代への問い」と要約される所以でもあるが、ギデンズの理論的活動は、ドイツ語圏やフランス語圏で展開されてきた革新の成果を集約し、英語圏の社会学理論を鍛え直すような再編成の試みとしてとらえることができる。構造化はブルデューのハビトゥス概念と、構造特性はルーマンの非実体的構造概念と、そしてリフレクシヴィティはハーバーマスのコミュニケーション的行為の理論との親和性がみえるからである。90 年代以降は、ソ連の崩壊による世界の現実的枠組みの変化によって、全体社会の構造と変動を問題にする、マクロ社会学的関心が復権をもつなかで、解釈のパラダイムが変化し、他方ポストモダニズムも隆盛を迎えたようであった。それでもギデンズは、モダニティ深化の過程としての後期近代を「ハイ・モダニティ」と呼んで、理論的土壌の形成を試みていた。確かに、90 年代はアメリカナイゼーションとグローバル資本主義が世界を席巻したが、2000 年代にはアメリカ一極体制時代への反動として、世界各地でテロ事件が多発するようになり、その後半にはアメリカ発の世界金融危機が拡大した。2010 年代に入ると、テロ組織の ISIL が世界イスラム帝国の建設を掲げて世界各国に宣戦布告し、また先進国のなかでも、自国第一主義の風潮が蔓延して、覇権主義、独裁主義、全体主義的兆候がみられるようになっている。このような現実の世界情勢を見渡せば、モダニティ

の反転ないし退行ともいえる情勢が、2020 年代以降さらに深刻化し、国家体制の違いによる衝突さえ迫っているようにもみえる。ただ、モダニティ概念を、合理化過程、産業主義や民主主義などの、どのような文脈からとらえるかによって、議論の分かれるところであろう。

　1990 年代以降の説明に資する社会理論が模索されるなかで、学術的側面からポストモダン思想を拒否しつつ、物語的知識の必要性、階層化された実在性概念、創発性概念やエイジェンシー概念を鍵概念としつつ、費用と報酬の文脈でとらえた「交換理論」というパラダイムにおける、Ｐ．Ｍ．ブラウの構造的・制度的次元での「交換と権力」をキーワードとする相互行為の究明やリフレクシヴィティ概念との親和性をもちながら、ギデンズ理論を超克しようしているのが、Ｍ．アーチャーである。

　第Ⅰ部の「合成論的社会理論」では、ギデンズ以前の社会理論を合成論とみなすことで、アーチャーが提出する第Ⅱ部の「実在論的社会理論」と対比している。その中心的テーゼは第3章「実在論と分析的二元論」にあるが、第4章「社会理論における時間」も同等に核心的なものである。第5章「構造と文化の条件づけ」と第6章「エイジェンシー」は、社会分析における細部の理論的支柱となっている。第Ⅲ部の「社会分析の概念図式」は、実際に社会分析を進める上での、理論的見取り図となっており、その際、留意すべきことを「付録」において補足説明している。自明なことだが、理論の検証や形式的洗練化は依然として課題であり続ける。

　本書は、難解なアーチャーの実在論的社会理論を僅かでも理解しやすくするために、要諦として簡略化を目指したものである。この作業は、論点を書き留めるためのものであって、学説的比較検討をする目的はもち合わせていないことをご容赦願いたい。ただ、アーチャーの言説理解の一助になり、この社会理論による実践的社会分析に繋がれば、幸いである。

2020 年 10 月

　　　　　　　　　　　　　　　　松　森　武　嗣

目　　次

第Ⅰ部　　合成論的社会理論

第1章　伝統としての合成論　……………………………　6

第2章　中心的合成論　……………………………………　16

第Ⅱ部　　実在論的社会理論

第3章　実在論と分析的二元論　……………………………　44

序　文

　我々は自由であると同時に拘束された社会的コンテクストを暗黙のうち
に理解し、何者であるのかということに何らかの自覚をもっている。この
同時的な自由と拘束のアンビヴァレンスは社会的実在性（social reality）の
本性に由来し、その自覚は人間の本性である再帰性（reflexivity）に由来す
るが、反省的存在としての我々自身は経験主義者ではない。なぜなら、社
会の観察不可能な諸性質が、経験する能力をもって唯一の実在的とされる
「諸個人」の自動的な優先性を奪い、あらゆる知識が人間の感覚的経験か
ら獲得されたものだ、という経験主義の見方を終焉させるからである。

　こうして、社会の理論化の適切さは、社会的実在性である自由と拘束の
側面を認識し、調和させるその能力に依存している。批判的実在論の系譜
にあるM.アーチャーは、社会存在論、方法論、実践的社会理論という三
つの必須の構成要素と、それらの相互連関について一貫性を確証すること
が、ライト・モチーフとなっている。

　さて、批判的実在論とは実在論を基礎づける哲学的存在論のことであり、
提唱する R.バスカーは、科学の目的あるいは資格は予測ではなく、事
象発現の深層の原因や生成構造の解明であるとして、その深層のメカニズ
ムを探り出す独特の推論方式をレトロダクション（retroduction）と名づけ、
説明的批判を含意した批判主義のテーゼを掲げており、知識の可謬性と暫
定性を認めた存在論的前提から、経験的研究に開かれているという姿勢を
堅持している。

＜社会的実在性＞
　社会の錯綜する事実を説明する必要のある連結環は、D.ロックウッド
が言うように、「社会」統合と「システム」統合との間の連結環である (1)。

つまり、ある特殊な創発的な性質をもった社会の質的に異なる側面で、ある具体的な指示対象の「社会的なもの」と「システム的なもの」との間の連結である。

　たとえば、分業は固有の因果的力を有する。この因果的力は、この連結の構成諸要素である個々の労働者の力には還元不可能である。それは、階層化されているという社会的実在の本性を示していて、相異なる階層は異なる創発的性質と力を有している。ただし、創発的諸階層は諸存在に等しいが、なにか明白な大きさの経験的な諸単位に位置づけられているわけではない。また、相互行為の諸連鎖（一方では中心化、他方では脱中心化）によるシステムの発展、つまりシステム的な二つの性質の因果的な力の実在性は、社会的実在の関係性が、創発的性質や因果的力として階層化されているということにある。

　創発的な性質は社会的相互行為からのみ出現し機能するとしても、社会的実在論（social　realism）が、エイジェンシー（主体的行為作用）と構造の両方のレベルでの創発的な諸性質を強調するのは、互いに区別し、相互に還元不可能なものとして、当該の階層に固有なものとして考察するからである。相異なる諸階層は、それぞれの階層だけに属している性質と力のゆえに、それぞれの階層から創発するため、分離可能である。

　自然でも社会でも関係自体が形成する新たな性質の実在性、つまり内的で必然的な関係による創発的性質の実在性の主張に結びつく。この見地から、創発的な実在的存在諸領域の多元階層性の解明、それらの階層の構造的で関係的な諸力の二次的創発性の発見など、新しい実在論、存在論が提唱される。実在論の基礎をなす「創発」を中心的教義にするような社会理論である。

＜社会的存在論と説明的方法論の一貫性＞
　方法論を説明プログラムと解すれば、方法論とは社会存在論（social ontology）と実践的社会理論（practical social theory）との必然的な連結環のことであり、「社会存在論－方法論－実践的社会理論」の連結において、

説明の枠組みが両端に繋留されていなければならない。あらゆる社会理論は存在論的に形成されており、方法論的に形作られている。

　実在するものはなにかと、問題はなにかとの一貫性は普遍的な要請として必須の前提条件であり、存在論と方法論の間に連続的な双方向の適合を要請するため、社会的存在論と説明的方法論は、相互に統制的である。

　社会的実在を特殊な用語で記述することによって、なにが説明されるべきかを概念的に表示しており、存在論的な諸概念は被説明項を定義することに役立てられる。つまり、実在を記述する諸概念の意味は、それを説明する諸概念をも限定するため、記述の過程と説明の過程とは同一である。なぜなら、説明はそれに先立つ記述なしには遂行できないのであり、記述される概念によってなにかが存在するものと定義され、その概念が実際に説明されるべきものを決める。それゆえ、記述概念と被説明項の関連が、必然的に説明プロジェクトを限定する。

概念的統制としての存在論

　社会存在論が記述概念のタイプを論理的に決定するように、組み入れ可能だとみなされる説明する適切な諸概念構成への指針は、承認された社会存在論から引き出される。つまり、いだかれている社会の存在論が、あるいは社会的実在についての相異なる概念構成が、社会的実在の「究極的な構成要素」（あるいは非構成要素）についての判断権を握っているがゆえに、存在論が社会を別々に説明しようと試みる方法論に対して統制的な役割を果たすことで、存在論は方法論への監視者としても守衛としても働く。

説明と存在論的な見直し

　個人的諸性質とは異なる社会的諸性質の、因果的に効果的でかつ還元不可能な諸要因は現実的で独立の実在性をもっている(2)、とのE．ゲルナーの主張は正しかったのだが、因果連関についてのD．ヒューム主義的な斉一的な結合モデル（規則性ないし経験的一般化）から袂を分かち、観察不可能な諸概念の実在性を確立するために因果性規準を採用するような、社

会科学についての哲学がなかったために、それを実質化できなかった。

(1)　　David Lockwood, 'Social integration and system integration', in G.K.Zollschan and
　　　　H.W.Hirsch (eds.), *Explorations in Social Change*, Houghton Mifflin, Boston,1964.
(2)　　Ernest Gellner, Holism versus individualism, in May Brodbeck (ed.), *Readings in
　　　　the Philosophy of the Social Sciences*, Macmillan, New York, 1968.pp.256-261.

第Ⅰ部　　合成論的社会理論

第1章　伝統としての合成論

1　方法論的個人主義

　個人主義者にとっては、実在性についての知覚規準のおかげで、「諸個人」はすべて実在的と定義され、この社会的アトミズムは、社会的コンテクストから独立に確定されうるという主張になる。個人主義者の存在論的な安全性は、社会的実在の究極的な構成要素は「諸個人」として定義されてきたということと、諸個人についての事実だけが記述と説明の両方にあずかるのだということ、この二つの経験主義的確信に依拠している。

　ところで、社会的な基礎的な性向が存在するとの反論に対する弁明から、社会的コンテクストそのものが、「他の人々」によって成り立っていると証明することによって、社会化とか文化化のような間人格的な影響として記述し説明する道に進んだ。この存在論のもとでは、社会的実在の究極の構成要素は「社会化された諸個人」（個人主義的な「エイジェンシー」の概念）とみなされ、社会的に実在する要素で唯一これと異なるものがあるとすれば、「間人格的諸関係」（個人主義的な「社会構造」の概念）である。だが、環境、物理的資源、状況、相互関係の社会的実在の側面はどれも、諸個人についてのものでも彼らの性向についてのものでもないため、それらは個人的な人々についての事実として論証することは不可能である。また、匿名的な（性向をもたない）個人に関心が向けられるところでは、性向にかかわるどの要素も確定不能であるから、社会的実在として確定化されるものは、すべて非個人主義的特性で、その社会的コンテクストのなかで社会的に引き起こされる行為様式となる。

　個人主義者たちは、社会的実在の究極的な構成要素は「諸個人」である

という存在論的なコミットメントから始め、この基礎のもとで方法論を定式化した。この社会的モナド主義からの方法論的な帰結は付随現象主義になる。

社会的実在の究極的構成要素としての個人的なもの

　個人主義者は、社会を心理的な特徴の反映の一種として説明できるという心理主義者たちを、心理的な構成要素に置き換え、還元できる構成法則、つまり実在的で究極的な心理的な構成要素による集合的現象が見出されうるとして拒否する。なぜなら、社会を心理的なものの反映とみなす鏡像論的説明は、「意図されなかったものおよび不幸な帰結」をも考慮に入れていないからである。けれども、個人主義者が意図せざる結果に訴えることでは、同様の論法であるため、心理主義をかわすことができない。そこから、個人主義者は、人々の間に発展する内的で必然的な諸関係のおかげで、「個人」は心理から創発した実在的なもの、と主張する。だが、個人主義のいう「社会的な個人」の存立は、特定の持続的な他者との諸関係が実際に先行していることによってのみ可能となる。個人主義的存在論は、必然的に社会的なものを組み入れることによって、「個人的なもの」を膨張させていかなければならなかったし、この膨張した定義が、創発性まで包含することにつながる。相互関係が個人的な性質で、結果の改変が可能であるなら、意図せざる結果は人々からの自律性をもたないことになる。また、環境的な拘束やコンテクスト的な条件づけが、関係ある他者がもたらす効果にほかならないとすれば、それらは人々から独立しては決してありえない。個人主義にとっての社会的実在の創発的特徴は、人々以外の物象化された超人間的な存在物だけになる。

　いずれにしても、創発性という見方を承認することになれば、個人主義者は二つの層からなる階層化された社会的世界に住んでいる事実を受け入れることになる。社会的創発性とは、集合主義者が引き合いに出す、心理的なものや社会的個人とは区別される、第三のより高い階層（構造）の実在にほかならない。だが、社会的創発性を否定する個人主義者は、「個人

的なもの」が社会的実在の究極的なものであり、あらゆる説明の最終目的である見解を立証するために、「社会構造」は「他の人々」以外のものではないという見解を維持しなければならない。あるいは、社会的コンテクストのすべての側面が付随現象的なものであるときにのみ、個人的なものに与えられた究極的な存在論的地位が立証されうるとみなす。

個人主義者にとっての社会構造

社会環境が、他の人々、あるいは彼らの性癖、習性、忠誠、反抗等々によって形成されており、「間人格的関係」によって構成されているということ、また社会的なコンテクストが付随現象的なものであるとする個人主義者は、経験的な証明が必要となる。

「社会構造」がただ単に諸個人の集積物にすぎないなら、「集団的なもの」は「社会的なもの」と同義になり、社会的コンテクストは他の人々によって引き起こされる同時的効果となる。そこでは、社会構造の説明は常に現在時制にあるのであり、現在のすべてのものについての責任は、今ここにいる人々の肩にしっかり載せられている。それゆえ、個人主義者には、センス・データとしての経験によって実証されない「社会構造」が実在している、という申し立てを受け入れることにためらいがあった。

「社会の科学」の初期の主唱者たち

J．S．ミルにおいて、「社会的諸現象のなかで、なんらかの一連の複合的な状況によって生成される諸効果は、個別に取り上げられる状況の諸効果の合計に帰着する」[1]ということ、あるいはM．ヴェーバーにおいて、集合体は「個々の人格の特殊な行為の組織化の結果として、またその様相としてのみ取り扱われるべき」[2]というような上向的な合成のバージョン、つまり上向的合成論（Upwards Conflation）は、社会とは単に拡大した小集団にすぎないという、逆向きの相同関係仮説（the opposite homological assumption）をつくりだした。これにより、解釈学的社会学者は、ミクロ的な視野の解説に「大きな～」などの語句をつけて、社会システムの説明

- 8 -

を拡大の過程によって行うことができるという期待をいだくようになった。この集積的なエスノグラフィックなプログラムは、相同関係仮説（the homological assumption）の妥当性に依存していた。

2　方法論的集合主義

集合主義者にとっての社会的性質
　集合主義者は、方法論的には「構造的要因」が不可欠だとしながら、存在論的には社会構造の概念化を前進させることができない。その理由は、全体論という亡霊に怯えていると同時に、経験主義によって骨抜きにされているからである。還元主義という個人主義者のプログラムがもつ欠点に気づいている彼らの関心は説明に向けられているが、個人主義者がすべての社会的特徴を個人的な人々という概念に組み込むことを、意味論的な問題であると考えることによって、存在論的な対決をしないですんだ。
　集合主義者の態度は、社会構造を断片的な仕方で、つまり、個人主義が失敗するときだけ表面化してくる事実や要因のバラバラの集積として扱っているが、E．ゲルナーは、記述的個人主義が閉じ込めた全体論という物象化した悪鬼とは異なる領域には、「魂」や「集団精神」、単なる抽象物でも単純な精神的な構築物でもない、構造的なパターンが含まれていると推測している。モーレス（習律）、つまり社会の制度や暗黙の前提などは、物理的環境と同様に独立で外的な事実なのであり、社会を組み立てている諸個人の全体にとっても同じであることから、「分離されたパターンは、＜単なる抽象物＞ではなくて、＜本当にそこにある＞のである」(3)。
　集合主義者が「社会的性質」から存在論的な資格を取り去ってきた原因は、物象化という二つの亡霊への恐怖にあるが、その亡霊のどちらかを呼び起こさずには、「社会的性質」の実在性を肯定することが難しい、というジレンマがあった。物象化という二つの亡霊とは、①創発性を承認することは、新しい「社会的実体」の実在性を受け入れることになる、というこ

とであり、②「社会的性質」について語ることは、社会によって生み出され、あるいは創造されたものについて語ることになり、人々の活動から独立していて、行為者を超えてその上に立っていることになる、ということである。

　この二つの懸念は、意味論上の起源をもつ。①全体論的な概念のどのような指示対象も、具体的な諸個人に対してある効果を及ぼすことができるのではないか、という疑いであり、②「社会的事実」が分離した上位にある存在物、すなわち「大文字の社会」としての社会そのものによって発生したと主張するのだから、物象化に行き着くという仮定である。

　だが、物象化された大文字の社会が生まれる、またはそれ固有の同じく物象化された性質を生み出すとする全体論の誤りなるものの源泉である。なぜなら、「社会」とは、単に「kind（族、種）」や「sort（類）」を意味しているにすぎないからである。集合主義者は、物象化された大文字の社会を呼び起こしたりしていないし、「社会的事実」の起源と持続性が人間の継続的な相互行為に依存していることを否定したりもしていなかった。

　M. マンデルバウムは、「社会的な事実が個人的な行動に還元できないことを理解するためには、社会があらゆる人間存在から独立な存在物であるとみなす必要はない」(4) とするが、「社会的性質」自体の存在論的な身分が明らかではない。したがって、マンデルバウムの「＜あるもの＞の存在論は事実と折り合いがつけられなければならない。事実は、その優先的な存在論的関与性ゆえに拒絶されえない」(5) との言葉は、方法論が存在論を統制すべきことを意味して、社会的実在性が個人的なものには限定されず、かといって大文字の社会的全体なるものを指示してもいない。けれども、集合主義からは、「社会的事実」は活動依存的でありながらも、因果的影響を与えうるものであり、諸個人に対して先行実在的とみなされるものである、という概念化は現れなかった。

　「社会的事実」は「それ固有の（of its own kind）」という以上のものはなにも意味していない。「社会的事実」は、個人的な個々の人々によってつくられるものではなく、社会とか社会組織とか社会構造といった用語で

表示されるようなものに属していて、その発生についてはなにも語っていない。社会的事実がどんな性質かということを種別化しているだけである。

　集合主義者は、知識は感覚的経験からくるという経験主義的な認識論の制限のもとで、「社会的性質」のそれ固有の実在性を実体化することが不可能であったため、経験主義と全体論の間で身動きがとれなくなってしまい、新しい社会存在論を明確化しなかった。

＜知覚規準の障壁＞
　集合主義者は人間と超人間の指示対象をともに拒否し、第三のタイプの「動的エイジェント」（実在的で現実に因果的な効果を及ぼすもの）を擁護して、「社会的事実」、つまり社会的組織や社会的制度および継続的な役割は、システム的で継続的な諸関係への参照指示である、と論じた。それは、人間的でも非人間的でもなく、関係的なものであることから、「創発的な性質」だと気づいていた。そこで、マンデルバウムは「実在的な創発性」に言及し、ゲルナーはそれらの内的な構成を解明するために「内的関係の原理」について語っている。社会的事実や社会的性質を引き合いに出すことは全体論的な物象化をもたらす、という存在論的な反論に反駁するために、防衛的な仕方で創発性は採用された。

　関係的な性質の実在性をどのように実証するかという問題は避けて通れないものにみえるが、ゲルナーは見つけていた。関係的な概念の因果的な効果性を論証することによって、つまり関係的な性質の実在性を確立するための因果性規準を採用することによって、その関係的な概念の実在性を保証する方法である。だが、知覚規準の観察可能な出来事の恒常的な連結という因果関係についての経験主義的な概念が壁をつくっていたため、この道の開拓が妨げられた。また、開放的社会システムでは、出来事レベルの規則性は創発的な特性を生み出さなかったし、「内的に関係する構造」の厄介な問題として、そのような構造の力は、他の偶然性が干渉するので、社会においては常に効力を表すとは限らなかった。

ヒュームの観察される規則性

　集合主義者は、社会構造を社会的実在の区別された階層として探求するのではなく、むしろ、構造をバラバラに分離した一連の諸性質へと断片化することになる。それは、アド・ホックなかたちで例示された、創発的な社会的特徴として説明し、社会構造のシステム的な本性を封じ込めてしまう。

　構造的要因と個人的要因の説明的な二つの諸要因が、所与の帰結を生み出すために、互いにどのように相互作用するのか、つまり構造とエイジェンシーの間の相互作用ということは、経験主義の知覚規準である恒常的な結合（ヒューム的なモデル）によっては主張できず、あるいは探求さえもできない。

　相互作用が帳消しになることにより、二つの要素が失われる。つまり、①社会のなかへの我々の必然的な組み込みが、我々が表現する性向をそなえた社会的存在になることを助けるような過程である「エイジェンシーの構造化」の要素であり、エイジェンシーの再概念化を行うことが失われる。②「構造的性質」の発生起源（先行する社会的コンテクストのなかでの相互行為）と、現在の相互行為のコンテクストを構造化することによる、「構造的性質」の影響の仕方とを説明することが妨げられた。こうして構造的諸要因を相互に、あるいはそれらをエイジェンツと関連づけることが失われる。

　集合主義者は、社会的なコンテクストについての事実が取り除けないという方法論的な確信から出発したが、全体論の痕跡を放棄し経験主義の拘束から逃れるような社会的実在の概念のもとで基礎づけることに失敗した。社会は還元不可能な一つの全体性であると表示する下向的合成論（Downwards Conflation）では、諸個人は社会によって一方的に形作られる「無規定的な素材」なのである。のバージョンは、全体的社会システムから小集団までのいかなる行為システムをも分析できるとするＴ．パーソンズの手法の一元論的性格であり、同一の諸性質が社会全体を通じて見出されるとする相同関係仮説の妥当性に依存している。

3　経験主義

　個人主義と集合主義の二つの相異なる社会存在論は、社会的実在性の錯綜するアンビヴァレンスに立ち向かうことを回避している。エイジェンシーまたは構造のいずれかを不活性なものであり、従属的変数であるとみなすことによって、付随現象主義を是認する。不活発で依存的な要素を、個人主義では「構造」、集合主義では「エイジェンシー」とみなして、従属的なものに位置づけている。

　社会存在論には説明の方法論が内包されているという命題と同様に、採用された方法論が実践的な社会理論の理論化の分岐をともなっており、つまり、二つのパラダイムの方法論が、範型的な仕方で、合成理論の相対立する二つの変種へと導かれていった。伝統的合成主義者は、「個人と社会」、「主意主義と決定論」や「構造とエイジェンシー」の論争問題といった、この社会学的二元論を拒絶する態度である。19世紀の「社会の科学」と「人間の科学」の方法における分離は、20世紀の社会科学の哲学における全体論と個人主義の間の論争に通じている。

　物象化という幽霊を封じ込めるため、個人主義／方法論的個人主義と集合主義／方法論的集合主義の、両者の立場の定式化にあたって、そのコンテクストと厳格な制限を与えたものは経験主義であったのだが、結果として経験主義は両者の立場を誤らせた。

　知覚的な規準が唯一の実在性の保証人なのだから、社会理論は観察可能なものに自己限定しなければならないという確信から、根拠を経験主義においているのだが、経験主義は記述であれ説明であれ、同じく観察可能な存在に制限するというアプローチの立場をとっていた。因果関係という属性は観察可能な出来事のレベルに制限されて、社会学の目的は観察される規則性の発見（恒常的な連結を探し求めるヒューム主義的探究）にあるとされていた。

個人主義者は、社会を記述する用語に関心をよせ、それらの意味が問題とされ、それらの参照指示対象が論理的に有意味かどうかが問題とされた。集合主義者は、社会的なものの説明が扱われているのだから、それは事実問題（社会的事実）であると考え、あらゆる説明の述語を個人的な用語に還元することが可能か否かに関心をよせた。それゆえ、個人主義陣営の異議申し立てが存在論的な用語のなかで述べられたのに対して、集合主義たちの反撃は、方法論的な説明上の不完全性に焦点をあてた。

　M．ブロードベックは、妥協的な立場として「記述的個人主義プラス説明的創発性」という定式を提案した。以前呼ばれていた記述的創発性が、諸個人によっては定義不可能な、「集団精神」のような集団の性質の生起を指し示すものであるのに対し、厳密に区別されるべき説明的創発性は、個人の諸法則からは導出しえない集団行動の諸法則を指している (6)。ブロードベックが「二つの論争」の分離を仮定しつつ妥協的立場を弁護したことに対して、P．シュトンプカは、存在論と方法論との関係は論理的な意味では近接していないとしても、相互統制関係という密接な関係にある、として否定した (7)。

　個人主義的存在論は、社会的なものを人々へと組み入れることによって、「個人的なもの」を膨張させていかなければならなかったし、集合主義は、パーソナルな性質（思想、確信、感覚）を集合意識として集合体にまとめることによって、「社会的なもの」の属性として表現する。だから、個人主義と集合主義は同等な正反対の存在論的欠陥をなしていて、両者の欠如の一方がそれぞれの方法論的な含意に関係している。個人主義者が提供したものは、あらゆる傾向性が現在の行為者たちに帰せられる、個人的な活動の単なる集積体としての社会構造の概念に加えて、「構造とエイジェンシー」とを結びつける手段としての機能しない還元主義という方法であるのに対し、集合主義者は、構造の断片化された概念化と、断片的なエイジェンシーの概念とを提出し、諸個人プラス彼らの社会的コンテクストとして表現されるものであった。

　いずれにしても、「上向的」バージョンと「下向的」バージョンの合成

論双方の欠陥は、付随現象主義という欠陥であった。構造とエイジェンシーのそれぞれが互いに相対的な自律性を奪われており、他方をどちらか一方に還元していた。

（1）　J.S.Mill, *A System of Logic Ratiocinative and Inductive*, People's Editions, London, 1884,p.583.（大関将一訳『論理学大系 1-5』春秋社 1950-59 年）

（2）　Max Weber, *The Theory of Social and Economic Organization*, Free Press, New York, 1964（原書版 1922 年）, p.102.（清水幾太郎訳『社会学の根本概念』岩波書店, 1972 年）

（3）　Ernest Gellner, Holism versus individualism, in May Brodbeck（ed.）, *Readings in the Philosophy of the Social Sciences*, Macmillan, New York, 1968, p.264.

（4）　Maurice Mandelbaum, 'Societal facts', in John O'Neill（ed.）, *Modes of Individualism and Collectivism*, Heinemann, London, 1973, p.230.

（5）　Maurice Mandelbaum, 'Societal facts', in John O'Neill（ed.）, *Modes of Individualism and Collectivism*, Heinemann, London, 1973, p.232.

（6）　May Brodbeck, 'Methodological individualism: definition and reduction' in Brodbeck（ed.）,*Readings in the Philosophy of the Social Sciences*, Macmillan, New York, 1971, pp.286-301.

（7）　Piotr Sztompka, *Sociological Dilemmas*, Academic Press, New York, 1979, 3rd chap..

第2章　中心的合成論

1　融合主義

　社会的存在論と方法論との、説得力があって一貫しており、役に立つ関係を確立するのを妨げているものは、経験主義そのものが課している関門のせいかもしれなかった。問題への視野とか事物のサイズは、個人主義と集合主義の区別を実際に行うものではない。経験主義のヘゲモニーおよび経験主義と密接に関連した実証主義の支配が掘り崩された後でのみ、個人主義にも集合主義にも味方しないことが本物の選択肢になった。二者間の論争の用語が拒絶されただけでなく、「活動依存性」という性格をもった「構造」および内的かつ本質的な「社会的構成」の主体としての「個人」についての再概念化によって、論争そのものも異なる用語のもとでやり直された。

　「構造とエイジェンシー」が再概念化され、結びつられた新しい用語は、70年代と80年代に始まる「融合主義（Elisionism）」と「創発主義（Emergentism）」の二つの立場によって代表されることになった。「融合主義」とは、個人と社会の間の二元論を乗り越えて、両者の相互構成作用を主張する立場で、「創発主義」とは、構造とエイジェンシーの両者をともに社会的実在の創発的な階層とみなし、それらの相互作用の検証を主張する立場である。

　初期の「融合主義」は観念論的であった。ネオ現象学的理論は、社会的コンテクストを事実ではなく「事実性」として解釈し、「外在化」や「客体化」という進行形名詞による概念化を主張した。特にシンボリック相互作用論者は、社会的制度のような存在物をドラマ的な取り決め的慣習と見なし、このような慣習は、特殊な状況定義を持続しようとするエイジェン

ツの共同的な行為に依存しているとみなすことで、「構造」と「エイジェンシー」を三つのやり方で融合させた。つまり、①構造とエイジェンシーの分離可能性を否定することによる、反個人主義であり、反集合主義である。②構造を現在時制における活動依存的なものと見なし、形態転換に対して同時に開かれているものと見なす。③構造の因果的な効果も、エイジェンシーによる呼び起こしに依存するという確信である。

　「構造の二重性（duality of structure）」を社会的実践（social practices）の媒介でもあり結果でもあると捉える人々は、構造化理論（structuration theory）の名のもとに、意味のネットワークだけでなく、物質的な資源と力をも組み込んだ融合主義を再構成した。融合主義者たちの説明アプローチは非還元主義（areductionism）という新しい立場から、構造とエイジェンシーが分離不可能であると再定義する、方法論的な論理的帰結となる。この立場は両者をともに相互構成的（mutually constitutive）とみなすけれども、その帰結は合成論の変種（中心的合成論）を社会理論に持ち込むことになる。

　構造化理論の理論家たちは創発性そのものを否認しており、Ira　J．コーエンは、構造を「＜創発＞しないシステムの性質」だと強調する。構造化理論は、創発的性質をエイジェンツの側における「認識可能性」の問題にしてしまうことによって、創発的な性質の地位を知られざる行為の諸条件から取り除いてしまう。また、融合主義の立場では、人格的な自由の程度とそれに対する構造的な拘束の厳しさとについて語ることができなくなる。なぜなら、因果性は常に構造とエイジェンシーの結合ということで、両者が等しい原因性をもつことになり、ある任意の時と所で、他方よりも一方により重い原因が帰せられることがまったくなくなるからである。

　ひとつの概念的な運動のなかで、構造とエイジェンシーの二重性を超越していこうとする社会構築主義者とは異なり、エイジェンツが構造的性質を事例化することで、構造とエイジェンシーが相互に構成的で必然的に結びついて、エイジェンツが行為できるということ、つまり、「構造は媒体であるとともに、実践の再生産の産物でもある」という二重性の命題が、A．ギデンズの構造化理論にとって中心的なものである (1)。

したがって、ギデンズの構造化理論の困難性は、構造とエイジェンシーの相互的構成を承認することによって、それらの相互作用ならびに一方の他方に及ぼす効果を検証することをあらかじめ排除してしまう。つまり、所与の時点での安定性や変化への、構造とエイジェンシーの相対的な貢献のいかなる言明をも、検証することから排除することになる。相互構成といった相互浸透の用語はすべて、圧縮された諸階層を必然的にともなっている結果、実践的な社会理論化のレベルで、中心的合成論を帰結することになる。

2　存在論的分離不能性

　Ｉ．クレイブは「構造とエイジェンシーは、同じコインの両面」(2)であるとし、John　Ｂ．トンプソンも、「いかにして行為が日常のコンテクストのなかで構造化されるかであり、いかにして行為の構造的特徴がまさにその行為の遂行によって再生産されるかである」(3)として、行為と構造を二重性の相互補完し合う部分、すなわち「構造の二重性」とみなすべきであると述べる。さらに、Ｄ．レイダーにとっても、「活動的な主体による生産と再生産は、構造の構成過程である」(4)がゆえに、研究の固有の場所は、相互行為を構成する直接的過程ということになる。このように、構造とエイジェンシーの相互構成という主張は、「分離不能性」を意味している。対面的な相互行為は、「規則と資源（rules and resources）」として定義される「構造的性質」をおびていて、かつ相互行為のなかで、それらの構造的性質を創造するような諸個人に依存しているということになる。

＜ギデンズの構造化理論＞
　ギデンズは、社会理論を、行為に先行し自律的であるとするような創発的性質についての、彼なりの解釈である物象化された観念から奪還するとともに、社会的コンテクストから独立し引き離されているような個人的な

性質をそなえた諸個人への、彼なりの解釈である還元主義的な概念化からも奪還することを希望していたことから、実践の社会的存在論（a social ontology of praxis）を代わりにもってくることによって、乗り越えられるというものである。

コーエンによれば、「システムの構造的性質を非創発的に記述することによって……制度化された実践と関係のほうが……基礎的な構成要素とみなされてよいという中心的な考えに、すべてを引きもどす」ことにある(5)。「社会的実践」の考察が社会的世界の分析を十分に満たすという主張と同時に、実践に対する外的な水力学的圧力（構造の規定力）という考えを排除して、認知的な熟達をそなえた者としてのエイジェントを再評価することになる。生活を達成する実践そのものが社会的であるとみなされ、社会は熟練によって達成されたものとして、エイジェンシーに対する尊厳を回復する。

社会的実践と制度

M．アーチャーによれば、「社会的実践（social practices）」という概念だけで、社会的世界の複合性を取り扱うことができるのかという疑問がある。社会的世界の複合性について、他の多くの人々は、相異なる性質や力や問題が積み重なった階層化された現実性とみなしているが、この社会的実践の概念は、創発的な性質の実在を否定して、社会的世界の存在論的な深さを平らに押しつぶしてしまう。創発的な性質は、ある「低位の層」でそれをもっていないときに、「より高位の層」に属している性質なのである。

対面的な相互行為が、「構造的性質」（規則と資源）をおびていて、かつ相互行為のなかで、それらの構造的性質を創造するような諸個人に依存しているということは、行為とその結果の不可欠の媒体として、構造の全マトリックスと関係していることになる。言語論的なアナロジーによって、最もささいな行為でも構造の全体性を必然的に内包していると強調するにもかかわらず、ギデンズは、小さなスケールの相互行為における社会的決定論については、同時に承認することを拒否するようにみえる。というの

は、「役割」という概念は「所与的」であるとして捨て去られ、「地位取得」に置き換えられる。この地位取得は、「社会的実践」を通じて生産され、再生産され、その結果として変革のための潜勢力を内包しているとされる。ギデンズは役割とその権利、義務、それに関連する期待とを放棄することによって、小さなスケールの相互行為における社会的決定論と一緒に条件づけをも捨て去っている。

　制度とは、規則と資源によって構造化され、秩序立てられた実践のことだから、確かに「社会的実践」は制度の最終基盤でもある。「構造的性質」がルーティン化の様式をもつとき、制度は実践が沈殿化したものになるけれども、あらゆる構造的性質とあらゆる行為は常に潜在的に変化するものだから、制度とは常に本質的に生起する過程の流れであり、固定した存在状態ではないのである。

　実践的な社会分析家なら、相対的に持続する制度の必然的で内在的な性質である制度的コンテクストを特定できないままで、単に「ルーティン化された実践」の研究に置き換えることには満足しないであろう。どんな実践を調査すべきかを知るためには、はじめに構造的コンテクスト、たとえば教育制度とか医療制度とかのコンテクストを呼び出さなければならないからである。

社会統合とシステム統合の関係性

　ギデンズは、最も大きなスケールの社会システムにおいても、行為から分離されうるようなものをなんら扱っていない。社会システムは、エイジェンツが構造的性質の様相を変化させることで生み出される可視的なパターンとして定義され、このシステムなレベルは諸個人の行為ではなくて、「さまざまな集団ならびに集合体」の間の関係だということである。「社会システムの統合は、エイジェンツの行為によって、彼らの社会的実践を通じて、恒常的に再生産されているなにものか」(6)だから、行為とシステムの間に完全な連続性がある。システムレベルではなんらの新しい性質も存在せず、さまざまな実践の連鎖だけが存在するということである。

システムは、距離をおいて生じるより大きな数の相互関係を単に指し示しているだけだから、「社会統合の基礎的定義が行為者たちの間の相互性であるとすれば、システム統合の基礎的定義は集団や集合体の間の相互性である」(7)。構造化理論では、両者は分離不可能であるから、ともに変化するほかないことになる。ギデンズが「社会統合のシステム性は、全体としての社会のシステム性の基礎である」(8) と述べている点を補強して、コーエンは、「実践の存在論（ontology of praxis）」の直接の帰結という事実として力説する。

　Ｄ．ロックウッドが、「社会統合」と「システム統合」の両者は独立に変化できるのであり、両者の間の相異なる結合の仕方が安定または変化を促進すると主張し、二種類の統合を区別することによって、考慮に値する説明的な優位性が生じることをみていたのに対して、コーエンは、ロックウッドの考えを、「ある特定の目的のために、システム統合は全体論的に概念化されたシステムの性質に関連づけられるだろうと主張」(9) していると理解し、構造とエイジェンシーを融合した「社会的実践」概念にしたがって排除してしまう。

　だが、ロックウッドが提出した、全体論的に概念化されたものではなく、創発性の観点からの「システム統合」は、なんらの変化も生み出さないような偏在的な社会的コンフリクト（高次）と、システム的な矛盾を現実化させて変革を引き起こすようなコンフリクト（低次）との区別を可能にすることによってであった。

　意図せざる結果とエイジェンシーとの結びつき
　実践が意図されざる結果を生み出すだろうことは容認されるが、創発的な性質または力かもしれないことは容認されないため、アーチャーによれば、その意図されざる結果とエイジェンシーとの結びつきの問題が残されている。

　意図されざる結果は、エイジェンツの規則的なモニタリングのもとにもたらされることで修復されうることから、「行為の反省的モニタリングは、

- 21 -

社会システムの組織化に再び結びつき、社会システムの組織化に対して主導的な影響力をもつ」(10) ことになる。行為と結果の分離不能性へのコミットメントのために、システムの状態はエイジェンシーの状態から独立に変化できない。

構造とエイジェンシーの融合による意味

アーチャーによれば、伝統的な論争における二元論を乗り越えるための戦略である相互構成説の分離不能性の主張は、「構造」と「エイジェンシー」の自律的な特徴をも、融合主義者が意図的に無視することになる。「構造」は「エイジェント」から分離不可能なのだから、創発的なものや、自律的なもの、先行実在的なもの、あるいはまた因果的に影響力のあるものなどがありうるということ自体意味をもたないことになる。これによる説明力の喪失は、構造化理論が「社会的実践」によって、「二重性（duality）」を維持しようとしたことの代償である。

人格的心理なしの自己性

融合主義者は、自分たちの考え方の利点として、E．ゴフマンの洞察が有効であるとする。ゴフマンが提示する、高度な知的能力を有する行為者であれば、生活世界の中で、スタイルとスキルと距離とをもって、自らの地位取得を最後まで演じることになる。だが、この名人芸が遂行できるためには、先行的な構造的条件づけと文化的社会化の過程によって押しつけられたものでも、定義づけられたものでもない、人格的なアイデンティティをもっていなければならない。

ゴフマンの定義とは、「自己とはさまざまな創発性の相異なる組み合わせに適合する行動のレパートリーである」(11) というものであり、「＜人格的アイデンティティ＞ということで、私は各個人に帰されるようなユニークな有機的連続体を念頭においている。それは、名前と容貌のような区別づけのための符号によって成り立つもの」(12) なのである。それは心理学なしの自己性が有機的な部分に還元されている。

融合主義者は、自己とは「社会的実践を通じて」形成されるものであると答えるだろうが、どんな実践がどんな人々をつくるのだろうか。融合主義者は、地位と関係が人々に先立っており、社会的自己のタイプを条件づけるということに譲歩できるかもしれないが、分離不能性へのコミットメントが受け入れがたいものにしてしまう。

　別の選択肢としての人格的な心理学は、社会的実践に対して影響を与える可変的な傾向と能力を個人に対して許容するのであるが、もし融合主義者がそのような社会的に媒介されたものではない別の性質を個人がもっていると認めるならば、個人と社会の性質の間の相互作用についての議論を力づけてしまうから、矛盾することになる。

　非融合主義者は、「所与の自己」概念を望んでいないけれど、個人心理を展開することに訴えようとするだろう。固有の名前をもつ有機体を超えた、自己のある種の連続性が存在し、学習、情報処理の能力、継承訓練、創造力、気質や反応性などの個人の能力や性質、つまり規則の源泉や資源の操作およびさまざまな工夫と意志の、構造的性質に内在する「変化への潜在力」を操作しようとする個人心理の存在を承認するならば、社会的実践から少なくとも相対的な自律性をもっているような人格的な性質（人格的なアイデンティティ）を認めることになる。

構造的性質の事例化

　アーチャーによれば、「構造的性質（structural properties）」（規則と資源）は、社会的実践において事例化され、このエイジェンシーによる事例化の外にはなんらの実在性をもたない。実践の存在論においては、構造的性質は、エイジェンツのおかげでのみ実在し、なんらかの効果をもつ。「事例化（instantiation）」なしには、それらは「素材的」存在として「バーチャルな実在性」しかもたない。融合主義者は、素材とは社会的世界よりも物理的な世界に属していて、エイジェンツによって社会的重要性が与えられなければならない、ということを主張している。

　物理的現実と社会的現実との間に存在論的なブロック塀を立てることが

正当なのだろうか。構造的性質を「バーチャルなもの」から社会的生活のアクチュアルな特徴に変えるものを見つけることができるのは、ある一組のエイジェンツから別の一組のそれへと受け継がれてゆく「記憶の痕跡（memory traces）」として、「構造的性質」を担っているエイジェンシーそのものだというものである。クレイブは、「もし構造が実在性の場所をもっているなら、それは社会的行為者たちの頭のなかである」(13)といい、R.キルミニスターは、「ギデンズ理論において＜構造＞は、行為者たちに内在している」(14)と書いており、「記憶の痕跡」の実在の場所は一般的にはあえて「図書館」であるとも言ったが、いずれにしても、その存在論的な地位は「事例化」によって決定されるわけではないことから、知る主体なしの知識（客観的知識の世界）は融合主義では排除されている。そこで、「構造は、それらが事例化する際のその具体的な事例のうちに行為者たちによって生産され、再生産されるとき、その時点でだけ実在する」(15)ということになる。こうして、構造とエイジェンシーの同時性は、「構造的性質」が社会的実在性ないし有効性をもつためには事例化されなければならない、ということの必然的結果（corollary）となる。したがって、役割、地位、諸関係の先行実在性が否定される場合の構造は、エイジェンシーとの間に共－実在と共－決定を生み出すことになり、構造は現在時制におけるエイジェンツの責任に帰すことになる。

構造とエイジェンシーの相互構成による帰結

　構造とエイジェンシーを相互構成として扱うことから生じる結果は、自律的な性質や独立の影響力が否定され、すべてのエイジェンツのもつ傾向は「社会的な特殊化」を必要とするものとみなされる。それゆえ、自然的世界との相互行為を介するような、社会的に媒介されていないたぐいの心理学的な差異に訴えることは、誰にも許されなくなる。

　先行的に構造化された既得利害の配分に訴えることができないのであれば、構造の再生産や変革を目指したり、集団相互間が闘争することを、なにによって説明するのであろうか、あるいはそれらのことはなにに起因す

るものであろうか。

　構造的性質の実在性は事例化に依存しているのであり、その事例化を行うのはエイジェンツだから、二項の間の完全な均衡的同等関係は維持できず、融合主義者は構造に対してエイジェンシーのほうに特権を与える、と指摘される。

3　方法論的還元不能性

　「構造」と「エイジェンシー」を分離不能な合成物として扱う考え方の中心に、両者の「二重性」という考え方がある。この社会生活を概念化する方法は、日常的な活動の細目と構造との間に、どんな分離も分裂も乖離もない「社会的実践」の存在論を生み出し、社会的実践が社会的現実性の究極的構成要素とみなされる。そのことは、「構造」も「エイジェンシー」も「社会的実践」を通じて表現され、再生産され、あるいは変化させられるような性質のみをもつことになる。つまり、構造は、エイジェンシーによって事例化されるときにのみ、実在的になり、しかも人間存在が人々になるのは、構造的性質を身にまとうことによってのみだから、この社会的実践を生み出す中心的合成論は、二つの要素を不可分に一体化することによって、両方の要素からその相対的自律性を奪うことになり、主体を脱中心化する。

　コーエンは、「ギデンズが、構造化理論の基礎づけを行為の理論と集団の理論との交点に位置づけたうえで、両者の理論的な領域を分割することは、集団と行為が社会生活の異質な構成要素から成り立っているのではないという事実を曖昧にすると論じている」(16) という。中心的合成論者は、社会的実在の階層化された社会生活の異質的な諸要素を扱っているのではなく、社会的世界についての同質的な見方にもとづく「単一レベル」の説明で、二面的相貌をした存在物を扱っている。同質的な「社会的実践」が、「社会的」でもあり同時に「心理学的」でもあるような同じやり方で、概

念化可能になる。その意味で、アーチャーによれば、彼らの理論化の全体は、個人の性向は社会的環境から切り離されえないから、「社会心理学」と呼べる。

社会的実在の階層的性質

結局のところ、存在論的ならびに方法論的な原理的論争は、社会的実在のもつ階層的性質についてのものである。融合主義者は、世界の階層性を否定しないけれども、その理論化においては、自然的、生物的、社会的の三つの層だけが独立の性質をもち、許されうるのは、これら三つの相対的に自律的な存在物の間の相互作用だけとなる。

4 実践の存在論

＜構造と実践の存在論＞

バーチャルなものとしての構造

アーチャーによれば、社会構造は、方法論的個人主義では、「時間を通じて安定している集合的行動のパターン」、方法論的全体論では、「社会的事実としての行動を統御する法則類似の規則性」であり、方法論的実在論では、「社会的地位における人間的諸関係のシステム」であると定義できるが、これらを拒絶する融合主義は、構造（と文化）を、「社会的実践」による実践の存在論と一致する再概念化として要請する。つまり、構造が社会的実践のなかに含み込まれてしまっているような構造概念なのである。

ギデンズは、社会的実践に含み込まれていて、自律的な実在性をもっていない「規則と資源」として再定義された構造特性についての非関係的な概念化を推し進め、「構造という用語で、組織や集団を＜組み立てる＞相互行為の関係の記述的な分析を指示するのではなく、むしろ発生的な規則

と資源のシステムを指示している」(17)。

　実践の存在論に一貫性と完全性を与えるために、第一に、この再定義は、「構造」への参照指示を、分業、教育制度、諸政党等の社会的組織化の形態から移し替えて、実践が依拠する組織化の原理に結びつけることになる。たとえば、教育システムは構造そのものではなくて、単なる「規則と資源」を操作するエイジェンシーによって生産される「可視的なパターン」にすぎない。そこでは、このパターン化の過程が永続することになる。第二に、この可視的なパターンは反復的なあるいはルーティン化されたさまざまな実践のレパートリーからの抽象にすぎない。制度そのものは、「規則的になった実践」として再解釈され、まさにその規則性（すなわち継続性）は、実践がルーティン化されるがゆえに、同じ仕方で構造的原理を呼び起こすようなエイジェンシーに依存している。最後に、「規則と資源」を、社会的実践に対して自律的で、外在的で、先行的なものとは異なるものとして、時間と空間の外部におくことで成り立っている。それは、社会的実践の過程で「事例化される」までは、あるいは「事例化されない」かぎりは、「バーチャルな実在性」のみを規則と資源に付与することで成り立っている。

　また、「変革の能力が社会的相互行為のルーティンな経過において力として働く際の媒体である」(18)とみなすギデンズの「資源」の定義において、資源の素材的な構成要素は実在を認めるけれども、それは規則との結合においてのみ社会的重要性を獲得する。しかしながら、規則自身は、「記憶の痕跡」としてエイジェンツの頭のなかにのみその場所をもっているから、実践だけが規則を呼び起こし、その有効性をコントロールするのであり、これこそ事例化が意味するものである。その根拠とするところは、アーチャーによれば、言語が指導的なイメージになっているからである。言語そのものは資源にも規則の一形態にもなる性質を備えていると解釈するために、構造的性質は「バーチャルな実在性」を共有しているとの考えである。こうして、ギデンズでは、構造が「規則と資源」の役割を等しく果たしている。

「構造の二重性」を救い出そうと試みたシーウェル

　W. H. シーウェルは、時間と空間のなかに実在する物質的な事物とし
ての資源はアクチュアルであり、バーチャルではないという基本的立場で
あるにもかかわらず、バーチャルな性格を維持する言語を資源として解釈
しようとするギデンズの言語イメージに応じて、公的で固定的な成文化は
アクチュアルであるため、規則の実在性が資源とみなされる、というシー
ウェルの主張の意味は、「インフォーマルな規則（文化的図式）」だけが「バ
ーチャルな」位置づけを獲得しており、それらが一般化できる新しい状況
に置き換えられる可能性をもっているということである。だが、このバー
チャルについての新しい定義的な特徴づけ、すなわち置き換え可能性は、
アーチャーによれば、規則の間にインフォーマルとフォーマルの区別をつ
けられなくする。このバーチャルな規則（美的な規範や意識的な図式だけ）
のカテゴリーは、エイジェントに対してどうすべきかを知らせることがで
きるという、L. ヴィットゲンシュタイン的な規則の要件とされる性質を欠
いており、規則の正否を確定するような公的な規準となるようなP. ウィ
ンチ的な性質をも失ってしまった。こうして、新たな問題を生み出したこ
とをシーウェルは認めていた。

　すべての問題は、＜構造＝規則と資源＞とする等値式を救おうとすると
ころにあった。この森から出る小道は二つある。左の小道は、構造はただ
規則だけを指示するものとみなし、資源は構造の効果として考える道であ
る。この道では、資源は構造によって動かされる媒体となる。この立場は、
エイジェンツによる事例化を否定することによって、構造の「二重性」の
否定へと行き着く。

　構造の二重性を維持するなら、たどるべき右側の正当な小道は、等値式
の両項を再定義することになる。シーウェルは、「構造は、バーチャルな
図式とアクチュアルな資源とによって同時に構成されるものとして定義さ
れるべき」[19] とし、「図式と資源の組み合わせは、それらが相互に含意し
合い、相互に支え合うときだけ、構造を構成する」[20] と語る。シーウェル
は、ギデンズの＜構造＝規則および資源（*rules and resources*）＞という等

式を、より限定された＜構造＝規則および資源（rules *and* resources）＞に置き換えている。二つの相互的な「含意と支え合い」に固執して、構造を規則と資源との相互の間の内的で必然的な関係で定義する。ここから二つの命題が導き出されるが、アーチャーは反駁する。

　第一の命題である「図式は資源の効果」に対して、たとえば、信仰が資源によって必然的に「検証される」ようなことはないし、資源が投入されたらその減少よりも蓄積がもたらされることもなく、法令化が資源を生み出すこともない。「規則と資源」との関係は偶然性の問題であり、両者の関係は、社会的実在性についての真実であるというよりも、かの理論を救済するために必然的なだけである。

　第二の命題である「資源は図式の効果」に対して、資源は「事例化」または「具現化」のために諸図式に依存しており、アクチュアルなものがバーチャルなものに依存しているとみなされている。書物の存在は読者（知る主体）に依存していることから、知識が社会的効果をもつためには保持者や実践者や信仰者を必要とする事実と、何千年も見失われていたにもかかわらず、その潜在的な理解可能性が破壊されないまま存続しているようなテクストの存在論的な実在性とを混同している。

　さらに、「資源が文化的図式を事例化して回復するためには、物質的資源がテクストのように読まれる」(22) という主張に対しても、客観的世界の自体的な実在性の否定を繰り返しており、実在性の問題を社会的効果性の問題と混同しているだけでなく、社会的効果性の問題を知る主体者たちの活動に依存させている。この主張が無視しているのは、「事例化」や解釈のいかなる行為からも独立した、我々に対する実在的世界の実在的な効果である。

　シーウェルは創発的な性質として構造を定義することに移行しつつあるが、「すべての社会的行為は構造によって生み出される」(21) という構造化理論の中心教義をなおも維持しようと望んでいて、社会的行為が、規則と資源の含意し支え合う関係としての、「構造的性質」の限定された範囲によって生み出される、と主張している。

構造と事例化の方法論的欠陥

　融合主義者のＤ．レイダーは、階級や性やエスニック・グループの間の再生産された関係について語ることは、構造の定義として受け入れるわけにはいかない。時間経過を通じて存続する社会関係の構造を含意することになり、構造が事例化においてのみ存在する考え方と矛盾することになるからである[23]。また、シーウェルによる「構造」の再定義のゆえに、構造という概念は規則と資源の相補性の関係に限定されて、文化的または物質的な矛盾の関係を必然的に排除しており、さらに無視された二つのカテゴリー（規則と規則との関係ならびに資源と資源との関係）が、なお残されている。こうして、「構造的性質」を「社会的実践」と重なるものとして解釈するために、「構造的性質」を「規則と資源」として定義するさいには、常に残余が存在する。

　規則と資源の可能な関係の組み合わせ、およびそれらの関係が相補的関係か矛盾的関係かによる組み合わせは、内的かつ必然的に関係しているのであれば、すべての組み合わせは創発的性質であり、社会的諸関係の結果（または結果の結果）として、「社会的実践」に対して同質的なものではないけれども、人々が自らを見出す社会－文化的な状況を形成することによって、社会的行為を生み出すことができる。

　アーチャーによれば、「構造」を、＜構造＝規則および資源（rules *and* resources）＞とする相補性の関係によって再定義する考えは、「規則」（創発的な文化的性質）と「資源」（創発的な物質的性質）のより大きな「残余」がなお存在し、いかなる正当性もない。これらの「残余」は、理論的な短所だけでなく、融合主義者にとっての方法論上の障害をもなしている。

＜エイジェンシーと実践の存在論＞

　クレイブの「我々を行為者として構成する（社会化する）ものは、社会的実践である。その実践はまた、構造を具体化または実在化する」[24]とのコメントは、融合主義者にとって行為者がどのように概念化されるのかの公正な要約となっている。

構造化理論の内部では、「エイジェント（agent）」と「行為者（actor）」と「人格（person）」という用語が交換可能なものとして使用されており、それらすべてを一つの同質的な単一の力をもつ存在物のように扱っている。絶えず社会と関係し、社会のなかで絶えず活動的なのである。エイジェンシーという広い概念を、「社会的実践」という狭隘な囲いのなかで解釈しようとする意図から起こっている。我々が「社会的実践」によって構成されていると主張することは、我々を活動的なものにし、日常生活が「社会的実践」によって構成されていると強調することは、我々を無限に社会的なものにする。これは私生活をもたない高次社会であり、過小に階層化された考えを生み出す。

　アーチャーにとって、これら三者すべては創発的な性質を含んでおり、それらは相互に還元不可能なものだから、三者を区別することは不可欠となる。

the agent についての過剰に活動的な見方

　融合主義の等式である「エイジェンシー＝行為（action）、行為＝別様にも行う能力（an ability to do otherwise）、エイジェンツ＝別様にも行うことができた者たち（those who could have done otherwise）」は、エイジェントを「別様にも行うことができた者（one who 'could have done otherwise'）」(25) とし、「過剰に活動的なエイジェントの概念」を生むものとなっている。

　不当にも自らに押しつけられた活動性により、「社会的実践」にたずさわることでエイジェンツが構成されると主張することは、エイジェンツを終わりのない「遂行者」にすることになり、この「社会的実践」という観念によって、行為者とエイジェントは包含されている。活動性は、「実践の存在論」によって、ギデンズにおけるエイジェンシーの概念に典型的なものなので、いかなる構造的な特徴をも否定することになる。

　だが、ここで無視されている残余は、特殊な性質をそなえた集合体のメンバーとしてのその実在性によって、単純に「違いを形成する」ようなエイジェントたちの能力（agents' capacity 'to make a difference'）である。

エイジェンツは、メンバーの集合的な効果によって、なにか他のものになりうる重要な社会的な帰結をなお生み出しうるし、集合体の性質はメンバーが発揮する能力を別なものにすることもできる。

「ギデンズは、エイジェンシーをいかなる状況のどんな個人も必ずエイジェントであると定義することによって、構造とエイジェンシーの相補性を保護しようとしている」(26) と述べるトンプソンの批判は、人の行為は、その人がとりうる行為のオルタナティブなコースの範囲によって、厳しく制限されるかもしれないということであり、しかもこのような制限は、エイジェンツによって規則が社会的実践のなかに引き入れられて事例化されたものだなどと解釈できないような、構造的な条件に起因している拘束だという理解にもとづいている。

アーチャーは、「エイジェンシー」の最も重要な側面を、社会に対して「違いを形成する」能力（the capacity to 'make a difference'）であると論じている。もし、特にこの能力が「別様にも行うことができた」能力（an ability 'to have done otherwise'）を意味するとしても、それが必然的に活動性をともなうものとは考えない。

さまざまな集合体が現存していること、「行うこと」ではなくて「あること」のゆえに、それ固有の権利において、社会全体のみならず、ある社会的組織にとっても、そのメンバーの現存が、リアルな相違をつくりだす効果をもつ。彼らがそこに存在していることが、環境の人間的部分を構成しており、行為者たちが向かい合うなかで、なにを現実に行うことができるかについて制約を受ける。数は集合的効果としてそれ自身の権利をもってある圧力を構成することができ、その無言の数の圧力はエイジェント的な効果であるが、その現存することの効果という意味以外のものではないし、「社会的実践」の概念と分離不能な活動などとはなんの関係もない。

たとえば、規則と資源を利用して、失業手当の受給のサインをするという、生きている人間としての一般的な意味での活動性は、エイジェントが別様にも行うことができるという、ギデンズの意味における活動ではない。エイジェンツの行為がなんであれ、自らが一つの集合性としてあるよりも

別様になることはできず、いかなるオプションももっていないが、なんらの効果ももっていないことを意味しない。エイジェンツに共有されるさまざまな特徴、たとえば失業していること、ホームレスであること、年老いていることなどの共通の特徴を通じて、なにかできる事柄にある違いを生み出す。違いを生み出すのは、彼らエイジェンツの集合性の現存（existence of collectivities）である。特殊な性質を共通にそなえているエイジェンツの、その集合性の現存の効果のゆえに、彼らの計画にもたらす違いを考慮に入れないならば、戦略的な行為者たちがなぜそのように決定して他のように決定しないのかを理解できないであろう。このように、エイジェント的な集合性としての効果が存在する。

　社会理論家は、エイジェンツの集合性が選択肢のない状況に拘束されている事態と、行為者たちがそのような状況からつくりだすものとを、まぜこぜにするような隠蔽の策略を拒否すべきであり、集合的エイジェンツと個人的行為者とを区別する必要性がある。集合性によって経験される実在性は、そのメンバーたちのパーソナルな反応には還元できない。メンバーたちの主観性は、集合性のもつ客観性を参照することなしには理解できない。

the person についての過剰に社会的な見方

　ギデンズの『モダニティと自己アイデンティティ』[27] において、社会的実践による自己（the self）の構成説が明示的になっている。この「人間についての過剰に社会化された見方（oversocialized view of man）」は、特定の価値の学習や、その価値への規範的な忠誠の自動的な習得を強調する、Ｔ．パーソンズ流とは区別される。社会性は属性であって獲得されたものではないため、人格的な心理学を否定する、過小に階層化された「社会的自己」の単一の概念を示すことになる。エイジェンシーを行為と等値すること、行為者を人格と等値することが同じ欠陥をもっているように、見落とされているのが「パーソナリティ」としての個人心理の階層である。

言語（社会的）に媒介された経験

　ギデンズは、「I と Me」の区別は言語に内在するという見方を好んで賞賛し、融合主義者は、社会的に媒介されていないような、言語的な学習に先立つような、いかなる経験の存在をも否定して、「外的な実在の学習は、……媒介された経験の問題である」(28)とされる。またギデンズは、「獲得されたルーティンと、それに関連した熟達のさまざまな形態は、……＜外的世界＞のリアリティの情動的な受容によって構成されているのである。……このような受容は、同時に、なにが私に属していないかについて学習することを通して形成される自己アイデンティティの起源をなしている」(29)として、我々は社会的なルーティンによって構成されている情動を介した対象世界と非社会的に相互作用することはない、と論じている。

　世界（みえるものも、みえないものも）の我々に対する言語以外の他の媒介を否定する目的は、あらゆる実在性が社会的に媒介されていることを主張するためであり、ギデンズにとって、「あらゆる実在的問題は社会的なコンテクストにおいて答えられる」(30)という言明に移動する。実在的問題の由来に非社会的な起源は存在しないことの帰結として、社会化されないか、または前社会的な個人の部分としてのG．H．ミードの「I」は、所与のものとしては決してとらえられないが、「間主観性は主観性に由来するものではなく、別の迂回路に由来する」(31)という主張には譲歩してもよいとされる。

無意識的な社会性

　「他者たちへの信頼が安定した外的な世界の経験の起源である」、あるいは「自己意識は他者たちを認識することに対してなんらの優先権ももたない」(32)というギデンズの断言は、生きているものでも生きていないものでも、外的世界の客体の区別をする能力をもたない、未分化な客体／人格の間で相互作用する赤ん坊に、大人の概念を転嫁することを意味している。同様に、「人との基礎的な信頼が前提する相互性は、＜I＞と＜me＞に先立つ本質的に無意識的な社会性であり、……先行する土台である」(33)とし

て、実在性を保証する「信頼」という観念を遺伝的に相続された能力とみなしている。融合主義者の説では、我々が、愛したり、感じたり、祈ったり、夢を見たり、反省したりするあらゆることが、私的な生活の部分であることをやめて、我々の社会的な自己の側面になるということであり、社会言語学的な媒介に依存しているものととらえられている。融合主義者は、我々が内面的プロジェクトとその外的な表現について現実的に語っていることを否定し、人格的なものと社会的なものとの不可分離性が融合主義の企てのために導入される。

　我々の反省性は、社会的な媒体である言語によって制限され、社会的に媒介されうるものに限られているとはいえ、「規則と資源」にたよる必要などない。むしろ、アーチャーによれば、社会に訴えることなしに、ルーティンとなるような実践を構成できる。私的な経験の表現のために公的言語を普遍的に使用することは完全に承認可能であるが、表現する感情や衝動あるいは信念が、より社会的なものであるということを受け入れる必要はない。

　自己が自身を時間と空間を通じて持続的なものであると知ることと関係させたR．D．レインが、「存在論的な安全」[34]という考え方を流布させたが、自己が安全か安全でないかいずれの場合であれ、「Ｉ」が必然的に存在するのである。ギデンズはこの順序を逆転させようと望んでいる。ギデンズの理論的な断定とは、①自体的な自然的世界は社会的媒介によってのみ我々を触発するということであり、②「Ｉ／ not-me」の間の区別は社会的に付与されるということである。

　有機体が生物学的な媒介によって自然的世界に直面するという反ギデンズ的な主張は、外的世界のリアリティは食物摂取や飲料摂取という身体的テストによって最初に打ち立てられる。つまり、「Ｉ／ me」の区別についての自然主義的解決は、環境との相互作用への参照指示によって、自己意識（空腹や渇きの気づき）と反省性（必要が満たされるための内的な無能力の気づき）の起源についての原初的な非社会的説明（必要を満たしたい情動）を提供する。この環境との相互作用が、自己と世界のどっちがなに

を供給するのかにもとづいて、自己を世界から区別する。

　アーチャーによれば、ギデンズが「無意識的な社会性」を仮定し、社会的に派生した自己を問題にすることは、言語論的な大陸にいたろうと望む架け橋を意味している。世界と我々の関係を社会的に媒介されたものとして解釈することによって、どんな非社会的なものの影響をもはねのけようとしている。「自己アイデンティティは、個人によって所有されている明確な特質でもなく、そうした特質の集合でもない。彼または彼女の伝記的経歴にもとづいて、その人格によって反省的に理解されたものとしての自己である」(35) との定義は、あまりに社会的すぎる。なぜなら、社会的実践によって構成された人格的な歴史についての反省に切り縮められており、もし「パーソナリティ」が社会学的な用語法で表現されたなら、心理学的用語法としての「パーソナリティ」それ自身が剥奪されてしまう。

　同様に、クレイブが、ギデンズ理解として、「行為は連続的な流れであり、理由とか動機とか志向性等々に分割されて、分離された存在物のように扱うことのできない一つの過程である」(36) と解釈することは、社会的実践によってつくりだされるあの流れと一致する。だが、行為にとっての欲望や信念がどこから必然的に生じてくるのかについて、説明を提供することが求められれば、融合主義者は回避できるのだろうか。動機づけや愛着や志向性を分離して扱う、個人心理の階層を承認せざるをえないのではないだろうか。

構造化理論に一致する心理学者たち

　ある心理学者たちは、志向性について、構造化理論に一致する。「環境に適合するためには、行為は＜外的＞環境についての＜内的＞表象によって導かれる必要などまったくない。……行為は……源泉のうちにある要因より、むしろコンテクストによって与えられうる」(37)。内的表象（観念やイメージなど）と外的環境の間には他のなにものも介入せず、相互作用の過程は、間人格的なもので社会的な「コンテクスト」として、志向性の形成は生物的な傾向性の次第に前進してゆく社会的特殊化の過程になる。つ

まり、「動機、志向性、感情は、……諸個人の間で進行する媒介的な活動（結合的行為）のうちにある。……動機等々は……制度のなかよりも、我々の＜内部＞には……わずかしか存在しない」(38) として、社会的コンテクストだけが形成的な役割に昇格可能だとされる。動機が自身のパーソナリティの性格から、つまり生物と社会との間、あるいは神格と人間性との間の空間のなかでつくりだされることを容認したがらない。

「状況に適合的な」行為／志向性関係の考え方を通して、行為や志向性の適合性の唯一の調停者として、社会が持ち込まれているけれども、融合主義的な考えのなかには、コンテクストの内部におけるさまざまな規則のパーソナルな組み換え（再解釈）を生み出すことも容認している。たしかに「過剰に社会的」な見方は人々についての「過剰に社会された」見方と同じではないにしても、前者は後者へとすべり込んでゆく永続的な危険性のもとにあり、組み換えレベルの防御ではあまりに弱い。

我々の私的な生活のなかで内的なビジョンが構想されえないのであれば、社会的コンテクストを拒絶するような人間的な志向性、たとえば隠遁者、預言者、理想家、常習犯は、社会的なコンテクストのなかで特殊化されたものとして解釈されうるのかという疑問がおこる。

融合主義者の思想においては、パーソナリティの性質は破棄されている。「ある活動を他の活動から区別する原理だけがあればいいのである。各々の活動は、他者からの区別によって存在している。重要なのは、ダンサーではなくダンスである」(39) とされるが、アーチャーにおける「自己」とは、その生物学以上のものであり、かつまたその社会性には還元不可能なものである。

the actor についての過少に階層的な見方

ギデンズは、構造について、行為を拘束しかつ可能にするものと語りながら、構造が動機づけるということは決して語らないし、中心的合成主義者は欲望について沈黙している。心理的性向のような内的な場所も、構造的地位、利害や誘発された欲求の刺激を見出すような、なんらの外部的な

場所をももっていない。実践の存在論のなかに、挫折させられる欲望なり、促進される欲求を、なんら見出すことができない。

　アーチャーによれば、融合主義者の「社会的な自己」は、社会的な資質でないようなその他のパーソナリティが剥ぎ取られて、行為者たちは理性が奉仕できる内的な情熱をなんらもっていないことから、「内在的な」理性を奪われている。それゆえ、行為者は行為するためには規則と資源である構造的性質を能動的に充当する必要があり、社会からあてがわれた理由によってのみ動くことができるのである。

　融合主義の人格についての貧弱な見方は、人格たちの「情熱」を否定し、Ｂ．ウィリアムズの用語で言えば、社会的に構築された主観的精神に閉じ込めている。行為に対する構造的で外的な衝撃、あるいは心理的で内的な刺激なしには、「社会的実践」は、その起源においてランダムで、その結果において万華鏡のようなものとなる。

　行為のための梃子とみなしうるような、構造的に制約しかつ可能にする要素である「外的理由」の全領域の実在が、実践の存在論のもとでは否定されている。外的理由は行為者たちの知識には依存しておらず、それが作動するのは、人々が自らの状況を見出す行為の諸条件と、その客観的な報奨と不利益とによってである。融合主義者に致命的なことは、人間の動機を、社会的地位において割り振られているさまざまな利害の配分から切り離していることにある。なぜなら、地位に利害が組み込まれている考えは、社会的地位を構成すると考えられている社会的実践からの独立性を構造に対して与えることになってしまうからである。

　実在論者たちが構造について語るときには、行為の決定要因ではなく条件的な影響、つまり、行為の理由を構成する客観的な費用や利得について語っている。個人のパーソナリティを呼び出すことができない中心的合成論者が語るような、状況についての相異なる認知能力による知識（「推論の鋭さ」「実践的知識」や「無意識的な気づき」）は社会的条件に対する統制力をもたらしはしないし、動機の違いに対する説明力も不十分である。

　先行的な構造的制約条件および個人的なパーソナリティの相違の双方を

許容する、エイジェンシーについての階層化された見方なしには、社会の相異なる部分における斉一的なパターン化と、人格的な相違との、両方についての説明を欠くことになる。中心的合成論は、規則はどこからやってくるのかというヴィットゲンシュタインの問題、規則はどのように変えられるのかというP．ウィンチの問題、ものごとがなぜ他のようにならずにこのようになったのかというヴェーバーの重大関心事、これら三つの質問を残す。

（1）　Anthony Giddens, *Central Problem in Social Theory*, Macmillan, London, 1979, p.69.（友枝敏雄他訳『社会理論の最前線』ハーベスト社，1989 年，75 頁）

（2）　Ian Craib, *Anthony Giddens*, Routledge, London, 1992, pp.3-4.

（3）　John B.Thompson, 'The theory of structuration', in David Heeld and John B. Thompson(eds.), *Social Theory in Modern Societies: Anthony Giddens and his Critics*, Cambridge University Press, Cambridge, 1989, pp.56.

（4）　Derek Layder, *Structure, Interaction and Social Theory*, Routledge and Kegan Paul, London, 1981, p.75.

（5）　Ira J. Cohen, 'Structuration theory and social order: five issues in brief, in J. Clark, C. Modgil and S, Modgil(eds.), *Anthony Giddens:: Consensus and Controversy*, Falmer, Baingstoke, 1990, p.42.

（6）　Ian Craib, *Anthony Giddens*, Routledge, London, 1992, p.57.

（7）　Ian Craib, *Anthony Giddens*, Routledge, London, 1992, p.58.

（8）　Anthony Giddens, *Central Problem in Social Theory*, Macmillan, London, 1979, p.77.（友枝敏雄他訳『社会理論の最前線』ハーベスト社，1989 年，83 頁）

（9）　Ira J. Cohen, 'Structuration theory and social order: five issues in brief, in J. Clark, C. Modgil and S, Modgil(eds.), *Anthony Giddens:: Consensus and Controversy*, Falmer, Baingstoke, 1990, p.45.

（10）　Anthony Giddens, *Central Problems in Social Theory*, Macmillan, London, 1979, p.79.（友枝敏雄他訳『社会理論の最前線』ハーベスト社，1989 年，85 頁）

（11）　E.Goffmann, T*he Presentation of Self in Everyday Life*, Doubleday, New York, 1959.（石黒毅訳『行為と演技：日常生活における自己呈示』誠信書房, 1974 年）

（12）　E.Goffmann, *Relations in Public*, Penguin, Harmondsworth, 1971, p.189.

（13）　Ian Craib, *Anthony Giddens*, Routledge, London, 1992, p.42.

（14）　Richard Kilminster, 'Structuration theory as a world view', in Christopher G. A. Bryant and David Jary （eds.）, *Giddens' Theory of Structuration*, Routledge, London, 1991.

（15）　Derek Lader, *Structure, Interuction and Social Theory*, Routledge and Kegan Paul, London, 1981, p.64.

（16）　Ira J. Cohen, 'Structuration theory and social order: five issues in brief, in J. Clark,

C. Modgil and S, Modgil(eds.), *Anthony Giddens: Consensus and Controversy*, Falmer, Baingstoke, 1990, p.34.

(17)　Anthony Giddens, *New Rules of Sociological Method*, Hutchinson, London, 1976, p.127.（松尾精文，藤井達也，小幡正敏訳『社会学の新しい方法規準：理解社会学の共感的批判』而立書房, 1987 年, 183 頁）

(18)　Anthony Giddens, *Central Problems in Social Theory*, Macmillan, London, 1979, p.92.（松尾精文，藤井達也，小幡正敏訳『社会学の新しい方法規準：理解社会学の共感的批判』而立書房, 1987 年, 157 頁）

(19)　William Sewell, 'A theory of structure: duality, agency and transformation', *American Journal of Sociology*, 1992, 98: 13.

(20)　William Sewell, 'A theory of structure: duality, agency and transformation', *American Journal of Sociology*, 1992, 98: 13.

(21)　William Sewell, 'A theory of structure: duality, agency and transformation', *American Journal of Sociology*, 1992, 98: 22.

(22)　William Sewell, 'A theory of structure: duality, agency and transformation', *American Journal of Sociology*, 1992, 98: 13.

(23)　Derek Layder, *Structure, Interaction and Social Theory*, Routledge and Kegan Paul, London, 1981, p.66.

(24)　Ian Craib, *Anthony Giddens*, Routledge, London, 1992, p.34.

(25)　Anthony Giddens, *A Contemporary Critique of Historical Materialism*, Macmillan, London, 1979, p.63.

(26)　John B.Thompson, 'The theory of structuration', in David Heeld and John B. Thompson(eds.), *Social Theory in Modern Societies: Anthony Giddens and his Critics*, Cambridge University Press, Cambridge, 1989, p.74.

(27)　Anthony Giddens, Modernity and Self-Identity, Polity, Oxford, 1991.（秋吉美都、安藤太郎、筒井淳也訳『モダニティと自己アイデンティティ：後期近代における自己と社会』ハーベスト社、2005 年）

(28)　Anthony Giddens, Modernity and Self-Identity, Polity, Oxford, 1991, p.43.（前掲同書, 47 頁）

(29)　Anthony Giddens, Modernity and Self-Identity, Polity, Oxford, 1991, p.42.（前掲同書, 46 頁）

(30)　Anthony Giddens, Modernity and Self-Identity, Polity, Oxford, 1991, p.55.（前掲同書, 60 頁）

(31)　Anthony Giddens, Modernity and Self-Identity, Polity, Oxford, 1991, p.51.（前掲同書, 55-6 頁）

(32)　Anthony Giddens, Modernity and Self-Identity, Polity, Oxford, 1991, p.51.（前掲同書, 56 頁）

(33)　Anthony Giddens, Modernity and Self-Identity, Polity, Oxford, 1991, p.38.（前掲同書, 41-2 頁）

(34)　R.D.Laing, *The Divided Self*, Penguin, Harmondsworth, 1965.（阪本健二，志貴春彦，笠原嘉訳『引き裂かれた自己』みすず書房, 1971 年）

(35)　Anthony Giddens, Modernity and Self-Identity, Polity, Oxford, 1991, p.52.（前掲同書, 57 頁）

(36)　Ian Craib, *Anthony Giddens*, Routledge, London, 1992, p.35.

(37)　John Shotter, 'Duality of structure and intentionality in an ecological psychology'
, *Journal for the Study of Social Behavior*, 1983, 13: pp.19-20.

(38)　John Shotter, 'Duality of structure and intentionality in an ecological psychology'
, *Journal for the Study of Social Behavior*, 1983, 13: p.39.

(39)　John Shotter, 'Duality of structure and intentionality in an ecological psychology'
, *Journal for the Study of Social Behavior*, 1983, 13: p.41.

第Ⅱ部　実在論的社会理論

第3章 実在論と分析的二元論

1 実在性概念

　「構造とエイジェンシー」の間の相互作用が帳消しになることにより、二つの要素が失われる。第一に、社会のなかへの我々の必然的な組み込みが、自分たちが現にそうであるように表現する性向をそなえた、社会的存在になることを助けるような過程である。それはエイジェンシーの再概念化を行う「エイジェンシーの構造化」という考えであり、第二に、先行する社会的コンテクストのなかでの相互行為による「構造的性質」の発生過程（実在的過程）と、構造的諸要因の構造化された現在のコンテクストの影響の仕方をエイジェンツと関連づけることである。

　融合主義者との存在論的ならびに方法論的両レベルでの原理的な論争は、社会的実在のもつ階層的性質についてのものである。実在論者の社会的実在の階層化された見方は、社会的実在の内部の相異なる「レベル」における創発的な性質を承認することを意味している。各レベルは、それ固有の用語で概念化されなければならず、互いに一方が他方に還元されたりはしない。それらの性質が独立に変化し、結合し、しかも独立の影響力をもちうる。それぞれの層の相対的自律性のゆえに、一体化されたり同質的な存在として扱われることもありえない。

　実在論者は、融合主義者の自然的、生物的、社会的という三つの層に、創発的で還元不能な性質をそなえた、二つの追加的な層を区分している。人格的心理（身体からの創発的なものとしての精神）と社会－文化的諸構造（社会的諸関係からの創発的な構造）である。後者の「社会的なもの」はさまざまな異質的な構成要素から成り立っていて、それらの相互作用を

検証することは理論化にとって中心的なものとなる。

「社会的地位における人間的諸関係のシステム」という方法論的実在論者によって概念化された社会構造は、社会的組織の現実的形態と関連づけられて、その社会的諸関係は独立の因果的な性質をもつものとみなされ、さらに構造を構成している諸関係は、その内部でさまざまな地位を占めている者たちに先行して、エイジェンシーを制約するとともに力づけるようなものである。実在論者は、社会構造を本質的に関係的なものであり、その創発的な性質のゆえに実在的なものであるとみなす。つまり、実在論においては、関係それ自身が、実践から区別された性質を、実践に還元できない潜勢力を、実践に対して影響を与える力をもっていると信じられており、また実践者たちに対して先行的に存在するものとみなされている。

構造化理論への反論は、構造の実在性は事例化に依存していないということである。規則が問題になっているところでは、①多くの規則は、現実的な実在性をもっており、時間と空間につなぎ止められており、呼び起こしからは独立に実在して自律性をもち、②呼び起こされるためにも、すでに先行的に実在し、③それらが効果をもつためには知られている必要はなく、各種の規則は独立の因果的影響力をもつ。

同一の反論が、資源の存在論的な地位についても行われる。①規則とその意味は、時には各種資源に関連づけられなければ不確定で不可知であるが、諸資源は自律的であり、②諸資源の実在性は、どのような意味が押しつけられ、付与されるかを制約するため、先行的であるし、③事例化を待ちかまえているようなものではなく、人々に影響を与えるもので、その効果は各種資源に付与される解釈からは独立しているため、因果的な影響力を発揮する。

システムのような「可視的パターン」が、実践における規則と資源の一時的な具体化以上のものではないとすれば、融合主義者にとって一つの問題が立ち現れてくる。どの規則が研究のために意義あるものかを知るためには、まずはじめに組織の記述的な「可視的パターン」の分析をしておく必要がある。John B．トンプソンは、制度と組織は規則と資源以上のもの

であり、規則と資源によって概念化される「構造的性質」からは独立の特性をもっており、社会的実践によっては概念化されえない実在性と影響力をもっている、と示唆していた。制度の分析が普遍的に示しているように、「機会の制限が格差的に作用し、個人の属するさまざまな集団に対して不公平に影響するという事実である。このような個人や集団のカテゴリー化は、社会構造についての特定の前提にもとづいており、差別的な作用や効果は、規則だけの分析では把握できないもの」(1)なのである。これが創発主義者にさまざまな集団の先行的構造を承認する必要性を強調する理由である。先行的構造とはライフ・チャンスの格差的な配分のことであり、この構造的性質が、誰がどのように生活していくのか、どのように教育上成功するのかについて影響力を及ぼす。

　社会的実在性の特徴は、実践そのものやその知られざる条件や意図されざる結果として解釈できないものである。構造は、異なる集団の実践に、それぞれ異なるやり方で形作る先行的で独立的な影響力をもつがゆえに、社会的実践からの相対的自律性を示す。社会的実在性の特徴を説明するためには、構造と実践を同化させられないため、構造と実践という異質的な二つの要素によってなされなければならない。構造的性質と社会的実践の異質性による、「規則と資源」では包含しえない構造の側面は、社会的実在性という階層を構成する社会的関係から創発する性質なのである。

2　創発主義

創発性概念

　M．アーチャーは、因果的効果をもった関係的性質としての「創発性」についての概念を発展させたR．バスカーや、知る主体なしの知識、そこでは理論または信念は相互に、相補的なまたは矛盾的な特殊な関係に立っているとする、K．ポパーの「世界3」について示唆を得ながら、個人主義者に対しては記述的個人主義で、集合主義者に対しては説明的創発性で

譲歩することで成り立つような、二つのプログラムの間の媒介というM.ブロードベックの考えを拒否してきた。

　「創発的な性質」という考えは経験主義そのものを覆すことに依存していて、「創発性」について語ることは、観察不可能な存在物をも含む階層化された社会的世界について指示することになる。それぞれの階層に属する関係的な性質がすべて実在的だとすれば、なにかある階層がなにかある階層よりも実在的かどうかについて議論しても意味をなさない。

　Ａ．セイヤーは、「創発的な力」はそれらの構成要素の力や傾向性には還元できないような力や傾向性をもち、その創発性は内的関係と外的関係を区別することによって説明できるとする。　対象が外面的または偶発的に関係している場合には、本質的に相互効果や因果的な力は及ぼさないが、内的に関係している諸対象の場合には創発的な力が創造される。連結している人々がその構造を生み出しているところでのみ社会構造は実在し、諸個人の力には還元できない力をもっている (2)、と述べている。ある対象の構成または本性とその因果的な力、つまり社会的結合によって存在するようになるある性質である「創発的な力」は「実在的創発性」であり、それらは、内的なあるいは必然的な関係のおかげで実在している。

　一般に、「社会的事実」と「創発的性質」はセンス・データによっては知ることができず、観察不可能なものである。「創発的な性質」は、観察可能な出来事の規則的な共変化によっては、まったくまたは通常論証不可能である。さらに、創発的な性質は社会においては恒常的な因果系列の連鎖を生み出すことはめったにないのであり、因果性の経験主義的規準（知覚規準）にもとづいて実在性の主張を立証しようとしても、ほとんど常に失敗する。観察不可能な構造的な性質の実在性、つまり創発的な構造的な性質は恒常的な因果系列の連結のなかに現れ出ることがないのだから、出来事のレベルでは規則性を生じさせることができない。

　創発主義者は、上向的合成論者の「心理学」であれ、下向的合成論者の「社会学」であれ、中心的合成論者の「社会心理学」であれ、社会的世界についての同質的な見方にもとづく「単一レベル」の説明に対立する立場

である。

階層化した社会的世界

　社会の「諸部分」と「人々」とは創発的性質において根本的に異なるため、構造とエイジェンシーは相異なる階層（異なる性質と力をそなえた存在物）として捉えられる。構造的ならびに文化的な諸特徴は、エイジェンツに対して自律的で、先行実在的で、因果的に効果を及ぼすものだから、社会－文化システムの内部で生まれる還元不可能な「創発的性質」は、分離可能な社会と人々の両者についての階層化された見方になる。したがって、それらの相互作用（interplay）についての関心は、創発主義者を、構造とエイジェンシーの「社会的実践」への圧縮という、相互浸透に専心している非創発主義者から区別する。構造とエイジェンシーの分離可能性／分離不能性の問題が、創発主義者たちと融合主義者たちとの間の存在論的な分かれ道となる。「創発性」そのものを拒否する構造化理論の人々の「融合」と、超越論的な実在論と社会理論との接続を探求する人々の「創発性」とは、社会的実在についての異なる存在論的な概念化にもとづいていて、両者の相互作用を検証するためにもまったく違う種類の方法論的な命令に結びついており、実践的な社会の理論化にとってもまったく別の含意を有している。　創発主義者たちによる実在論的存在論は、活動依存的な構造の概念をすえる。真に還元不能なものでありながら、実体化の危険がなく、また個人主義の個人の欠陥を正す、エイジェントについての非原子論的な概念化を行っている。

　こうして、創発主義者は合成論的な理論化の三つすべての形態に代わって分析的な二元論（analytical dualism）を対置する。階層化した社会的世界は「構造」と「エイジェンツ」でできている。それらは相異なる階層に属しているから、他方に還元したり、両者を融合することは問題にならないが、両者の相互作用を探求することには十分な理由がある。

　超越論的実在論者は、創発的性質の起源と影響について、それらの活動依存性を主張する。活動依存性は、生成的活動と創発的結果とが分離不能

なものではなく、それらの間を区別することの可能性とその有用性を保持する。超事実的な構造と自存的な文化的性質（transfactual structures and intransitive cultural properties）を創発的な存在物として研究する、実在論的な存在論と形態生成論的な方法として創発主義を定義してもいい。

　アーチャーによれば、二つの階層（構造とエイジェンシー）の関係のなかで、「先行実在性」や「相対的自律性」や「因果的効果性」について語ることを保証するような社会存在論を、そしてまた、その議論を実践的な社会理論家にとって実践可能なものにするような説明的方法論を前提しつつ、異なる時間において変異する社会的結果を説明できるのは、構造とエイジェンシーが時間の経過のなかで相互に形成したり再形成したりする過程を分析することによってのみである。

　3　形態生成論

＜バスカーのＴＭＳＡとアーチャーのＭ／Ｍ＞
　創発性に基礎をおいたバスカーの存在論的実在論は、個人主義と全体論の間の通路を導くために好都合な社会理論の枠組みを展開してきている。バスカーの哲学的実在論は社会理論を基礎づけることができる一般的な綱領であり、一個の社会理論ともいえる社会的行為の形態転換モデル（ＴＭＳＡ＝ Transformational Model of Social Action）は、創発性という実在論に共通の基礎をおいている。近縁関係にもとづいて補完できるととらえるアーチャーは、形態生成／安定論的アプローチ（Ｍ／Ｍ＝ Morphogenesis ／ Morphostatics）を打ち立てる。それゆえ、古い論争（全体論＜集合主義＞と個人主義）に否定的な態度をとっている三つの社会理論（構造化理論、ＴＭＳＡ、Ｍ／Ｍ）の間で、土台の洗い直しが必要とされる。

　形態生成論、構造化理論、ならびに社会的行為の形態転換モデル
　アーチャーは、バスカーの『自然主義の可能性』(3) のなかで、ＴＭＳＡ

には六項目が組み込まれているとみなす。

① 　人々には還元できない社会と人々との関係についての一つのモデルを示す。
② 　社会形態は、いかなる意図的な行為にも必須の条件である。
③ 　社会形態の先行実在性が、社会形態の自律性である。
④ 　社会形態の因果的力が、それらの実在性を打ち立てる。
⑤ 　社会形態の先行実在性が、社会的活動の形態転換モデルをもたらす。
⑥ 　社会形態の因果的力は、人間エイジェンシーによって媒介されている。

　項目①に関して、構造とエイジェンシーを連結するモデルの必要性を論じており、両者をつなごうとする M ／ M アプローチの目標と共鳴する。構造化理論では、社会が人々に還元できるとは論じないが、そこに存在する構造的性質の人間による事例化が要請されたり、「様相（modalities）」（解釈図式、便益、規範）という概念が、それらの内的関係を説明するために提出されている。

　項目②に関して、構造化理論では、構造的性質がまさに社会的行為の媒介者である。M ／ M では、社会形態はいかなる意図的な行為にとっても必要条件である、ということには留保を行う。

　項目③に関して、社会形態の先行実在性と自律性を主張して、M ／ M アプローチにとっては時間性も不可欠であり、「構造は、構造を転換させる（諸）行為に必然的に先立つ」という第一公理に含まれている。Percy S．コーエンは、社会構造と文化のいくつかの特徴は戦略的に重要かつ持続的なものであり、特定の社会状況が生起しうる範囲の限界を定めるものとの前提で、行為論アプローチは、構造的ならびに文化的な諸要素が所与のものとして扱われる、ある先行的な時点から出発しなければならない研究に力を貸す (4)、と述べている。それゆえ、自律性もまた、時間的なもの（一時的なもの）であるが、構造的性質は、現在の行為者たちの創造物でも、「物質的実在」（生の資源）に存在論的に還元可能でもなく、また現在的効果をもつけれども、規則に統制された人間による事例化という、現在

の行為に依存しているわけでもない、という複合的意味をもっている。

　バスカーにとっては「社会は個人に対して先行的に実在する」(5) とし、超事実的な効果をもつ社会構造は常に既成のものである。諸個人がそこに入り込む諸関係は、現在の行為者たちの行いには還元できない創発的な性質であるがゆえに構造（諸関係はそれ自身が構造）なのである。入り込んだ諸関係での活動が、その諸関係を再生産するか、または形態転換させる。その創発的性質は、現在のエイジェンシーにとってのコンテクストをつくりだした、歴史的行為から引き出される。

　バスカーが批判した三つ、つまり行為はあるがなんらの条件もないもの、条件はあるがなんらの行為もないもの、これら二つのものの間になんらの区別もないものは、アーチャーが名づけた上向的合成、下向的合成、中心的合成に対応している。この三者の区別は、関係的性質の先行実在性と自律性という理由だけでなく、その関係的な性質が因果的力をもっている（項目④）という理由によっても不可欠であるが、この因果的力は、自然主義的な仕方で作用するわけではない。

　先行する創発的な性質が後続の相互行為を実在的に条件づけるのであれば、その性質を「記憶の痕跡」に還元することによって、実在性を消し去ってはならない。個人主義の「人格化」戦略へと後退するものである。条件づけられた行為について語るためには、条件と行為は別々にして検証可能なものにされなければならない。

　バスカーは、社会がすでにできあがっているのであれば、社会構造が人間を再生産し、形態転換させることによる、人間たちの行為の全体が社会構造を維持または変化させるとし、社会構造はただ相対的にのみ持続しているのだから、ＴＭＳＡ（項目⑤）では、「以前」（先行実在する社会形態）、「途中」（形態転換そのものの過程）、そして、「以後」（形態転換されたもの）を有しているけれども、バスカーは、創発性とは「＜より単純な＞事物から社会構造が形成されていく歴史的過程の再構造化」(6) を意味して、Ａ．ギデンズにそった「途中」（現在時制）に制限している。つまり、先行的に実在する諸条件と現在の行為との間の境界区分を保持するなら

ば、実在の材料から利用可能な道具を使って、より複雑な事物の進行しつつある創発性を理論化できるということである。

　Ｍ／Ｍアプローチでは、形態生成とは形態安定に対する形態転換を意味し、時間的な区別をするなかで、「いつ、我々は、再生産よりも形態転換を、あるいはその逆を開始するのか」という問いに答えるために、いくつかの実在の材料への適性によって利用可能な道具もさまざまであるため、それらの相違を社会学的に確定することが不可欠となる。構造的性質の効果は、、人間の相互行為における検知可能な規則性（可視的なパターン）を生み出すが、社会的水力学のような問題ではない。アーチャーにおける意味は、「社会システムは時間の進行におけるそれらの持続的な構造化を通じてのみ現存する」(7) というギデンズとは違い、先行実在性と自律性は構造化／再構造化の過程において非連続性を示す。非連続性は、「以前」（第一局面）、「途中」（第二局面）、「以後」（第三局面）の間の、分析的な区別によってのみとらえることができる。ただ、これらの非連続的な局面は、社会的な持続性のための人間活動における必然的な連続性を否定するものではない。

＜形態生成／安定の定義＞

　連続的で活動依存的な過程としての社会の構造化は、非目的論的でなんら制御されておらず（非サイバネティック・システム）、前もって好ましい状態をプログラムされてもおらず（非ホメオスタシス的）、諸要素が相互に呼び起こすような秩序ある持続的なシンタックスをそなえた言語にも類似していないのであり、それゆえ予測不可能なものであるが、このような構造化の諸過程とさまざまな力によって形作られている社会の形態では、それらの力の相互作用がエラボレーションの原因となる。形態を変化させていく社会構造の本来的な能力、つまり社会の構造化の過程を記述するために、「形態生成（morphogenesis）」という用語を使用する。

　「形態生成」は、「システムの所与の形態や状態、または構造をエラボ

レートする、あるいは変化させようとするような過程」(8) であり、「形態安定（morphostasis）」は、システムの所与の形態、組織または状態を保存し維持しようとする、複合的なシステム－環境の交換における構造化の過程である。理論的課題は、社会の二つの質的に異なる側面（「社会的なもの」と「システム的なもの」）を連結させることであり、その理論化が、形態生成を生み出すポジティブ・フィードバックを、形態安定を強化するようなネガティブ・フィードバックから区別させる。

＜形態生成論的アプローチ＞
　アーチャーが提出する形態生成論アプローチ（morphogenetic approach）という方法論における、形態（morpho）という要素はあらかじめセットされた形式（form）も、選好された状態ももっていないということであり、生成（genetic）という部分は、社会がエイジェンツの諸結果から創出されるということである。また、形態生成論的枠組みが引き受けようとしている主要な統制的機能は、実践的レベルで合成的な理論化のいかなる形態をも拒否する機能であり、構造的条件づけ→社会的相互行為→構造的エラボレーションの三つの局面（形態生成論のサイクル）に、文化およびエイジェンシーも対応している。実在論的社会存在論と形態生成論アプローチはともに、社会的存在論と説明的方法論と実践的な社会理論化との間の連結を構成する。
　社会の秩序化が実在性の他の形態（機械的あるいは有機的）に類似しているとか、社会の全体が言語または単純なサイバネティックなシステムと同質的だという先入見ももたないし、ある時点において社会がとる形態が意図せざる結果であると論ずるとしても、すべての社会的なものが偶然の事柄と同じではない。それゆえ、いくつかの関係は必然的なものであり、少なくとも相対的に持続的なものであるという形而上学的仮定のもとでのみ、我々は合理的に実践しようと試みたり、社会を研究しようとできる。そのような意味から、形態生成論的アプローチは、社会に対して超越論的なかかわりをもっており、まったくの偶然的なものではない。基本的な課

題は、秩序づけられた社会形態がいかにして人間エイジェンシーに起源を
もっているかを概念化することなのである。

　歴史的に特殊で相対的にしか持続しないのだから、いかなる社会構造が
実在するかということは偶然であったとしても、それが持続している間は、
先行する社会的相互行為の意図せざる結果として、後続する行為にシステ
ム的な因果的効果を及ぼす。その効果のシステム的性格は、ある特別の部
分集合にのみ帰着させうる創発的性質のことであり、その特徴は相対的な
持続性であり、自然必然性であり、因果的な力の保持である。機能主義の
立場と異なり、因果的効果の起源についての説明を提供できないため、社
会理論の課題は創発的性質としての社会構造の単なる同定に限定されるこ
とはなく、創発性の分析的な歴史をも提供しなければならない。創発的な
性質は社会環境の一部を構成するけれども、我々は、構造の創発的性質と
エイジェンシーの力の間の相互作用を検証できるだけである。

　創発性の分析的歴史も、構造の創発的性質の同定も、エイジェンシー自
身の形成における創発的性質も、「諸部分」を「人々」から分離しないこ
とには、探求しえない。なぜなら、創発性は活動依存的でありかつ開放シ
ステムにおいて作動するものなので、方法論的に相互補完する社会的実在
論と形態生成論は、同一の問題に直面しているからである。この両者は、
他の偶発的な諸関係による干渉を処理し、もともとの構造を再生産するか
形態転換することになる最終的結果を説明しながら、その占有者や在職者
から独立に（諸）構造を同定する手段を、また彼らに対する構造の効果を
示す（因果的規準によって構造の実在性を立証する）ための手段を必要と
している。両者は説明的な秩序ある連関を引き出そうと試みる点で、構造
とエイジェンシーの非合成論、つまり時間における両者の分析的な分離と
いう、基礎的戦略に従っている。

4 分析的二元論

<継ぎ目のない織物の社会イメージ>

　自然とは違って、社会的実在は自体的存在ではない。しかしながら、混乱の根は、「人々がいなければ社会もない」という自明の命題から、「この社会があるのは、この人々が今ここにいるからである」という不必要な飛躍をすることにある。「社会的なもの」の歴史のパノラマが時代から時代へと進行しつづけることは、意味や実践の編み込みなしに、社会的な編成物などは存在しない、と考えられるからである。この魅力は、「継ぎ目のない織物」として、あるいは、休止も切れ目もない時間の経過のなかで、次々に生地をつむぎ出してゆく終わりのない作業というイメージに依存している。この編成物は全体性においてのみ把握される。パターンがあるとしても変化するものであり、常に綿密な編み込みの産物であり、編み込まれたものから分離して取り出すことは不可能なものである。このように、ギデンズとバスカーは、継ぎ目なしの織物のイメージにつなぎ止められたままである。

　アーチャーは、「人々がいなければ社会はない」という自明なこと、バスカーの「社会と人々との間には存在論的な裂け目がある」(9)ということ、および「人々と社会は弁証法的に関係しているのではない。それらは、同じ過程の二つの要素を構成しているのではない。むしろ、根源的に相異なる事物に関係している」(10)という言明は承認しているけれども、ギデンズが「この社会があるのは、この人々が今ここにいるからである」に飛躍するのは、構造的性質が行為者たちによって事例化されたときだけ実在的になり、その事例化は現在のエイジェンツの認識能力に基づいた活動に依存しているからなのであり、バスカーの飛躍もまた、我々は社会において自体的な実在性を扱っているのではないという理由にもとづいている。

<バスカーの三つの命題>

　バスカーは、ギデンズと同じ飛躍をしようとし、社会構造の性格について三つの命題を展開する。社会構造の「活動依存性（activity-dependence）」と「概念依存性（concept-dependence）」は、高度に知的能力のある人間エイジェンツの活動によって社会が構成されるというギデンズの立場に非常に近いものであるが、アーチャーはこれらの命題を機能しないという。この批判をバスカーは認め、「社会構造の効果は人間活動を通じてのみ働く」という第三の命題で、融合主義の方に跳びはねてしまわないように自分を説得させている。

　「活動依存性」の命題では、社会構造は、「その構造に支配される活動によってのみ実在しており、したがって、活動から独立に確定されることはない」(11) ということである。T．ベントンが、活動に、支配のための潜在力を維持する必然性を用意したことで、バスカーはこの抜け道にしがみついてしまった。社会構造の活動依存性は社会構造のあらゆる側面にあてはまるわけではなく、あらゆる活動が構造の形態転換に結びつけられているわけでもない。構造の活動依存性は、遠い昔に亡くなってしまった人々の活動に関係づけられることによってのみ、肯定される。たとえば、人口構造は今ここにいる人々のせいに帰せられるわけではない。各年齢コーホート間の比例関係は人口構造にとって内的かつ必然的なものであり、現在の活動に対しても一時的なりにも抵抗を示すような、相対的に持続する創発的性質なのである。

　同一の仕方で働く少なくとも三種類の性質がある。まず配分（たとえば資本の配分）、第二に、人間と自然との関係を含んだ性質では、過去の活動が、創発的性質を、今日の生活の永続的なまたは慢性的な特徴としており、自分たちがつくりだしたものではない性質や環境によって制約されている。ギデンズが「物質的実在」という地位を与えた地点に近いようにみえるかもしれないが、第三の性質を指摘できる。文化におけるあらゆる知識は、その起源とそのエラボレーションからして活動依存的であるが．文化的知識がひとたび記録されたならば、理解されるための傾向的な性格を

有しているから、現在の知る主体なしにも知識として成立している。持続する潜在的な力でありつづけたとしても、文化的知識は存在論的に実在する。その知識は、それを知り使用し信じている現在の行為者たちにはまったく依存していない主張でありつづけ、我々はそれらの知織が発生させうる効果のゆえに、実在的だということである。活性化ないし事例化によって、実在的になったり有用になったりするものではなく、知ることから独立して実在している文化システムは、社会－文化的相互行為レベルと重要な因果関係をもっていて、創発的な文化的性質は、ここに現に存在している人々の活動から存在論的に独立している。創発的性質が問題になっているところでは、活動依存性が現在時制かまたは過去時制かという経験的な問いが問題だということであり、過去時制の事例すべてが、「この人々が今ここにいるがゆえにこの社会がある」へと飛躍することを不当なものにしている。

　「概念依存性」の命題では、「社会構造は、エイジェンツが、自分たちの活動でなにを行っているかについていだいている概念から独立には、存在しない」(12) というものである。友情関係や、忠誠、献身などの関係的な性質は、エイジェンツが主観的に抱いている特殊な概念のものであるのに対して、その他の多くの構造的関係は、法と強制、検閲やイデオロギー的な操作、そしてサンクションの過程によって維持されている。それらの構造的関係は、エイジェンツがもつさまざまな概念の多様性や葛藤的な性質を踏みにじったり、神秘的なものに誘導することによって、その関係的性質が保持されている。このことを認めているバスカーであれば、エイジェンツのもつ諸概念がイデオロギー的な歪曲によって間違う可能性をはらんでいることをふまえて、「経験において概念化されたものとしての社会的な活動のための諸条件は、自存的に（intransitively）実在するということ、したがって、それらの適切な概念化から独立に実在するだろうということ」(13)を、バスカーは容認しなければならない。「自存的に実在する諸条件」の導入は、ギデンズとの裂け目の指標となる。

　バスカーは、構造がその適切な概念化から独立に実在するだろうことを

許容しつつも、いだく特殊な諸概念がイデオロギー的に歪曲される可能性を持つため、構造が不適切に概念化されたものに依存していると答えることができた。エイジェンツのいだく誤った概念と社会構造の持続との間の因果的関係を明確にすることで、概念における変化が構造における変化の一因となることを含意しているのだが、「概念依存性」の命題を一般化するならば、あらゆる不適切な概念の機能的な必然性、ないし概念と実在における原理的でア・プリオリな機能的な必然性についての物語を鵜呑みにすることになる。

　概念と構造の関係の問題は、因果関係についての理論化が不可欠であるため、経験的な研究にゆだねられる。誰の概念的な変化が、いつ、どこで、どのような諸条件のもとで、どのような構造的変化の原因となっているのかを検証することである。要するに、社会構造の概念依存性について、「ここに現在これらの人々がいて、彼らが心にいだく概念のゆえに、この社会がある」ことを正当化するものではない。構造の概念依存性は、ただ唯一受け入れ可能な仕方においては、遠い昔に亡くなってしまっている人々の概念（理念、信念、意図、妥協、譲歩、そして意図せざる諸結果）に関係づけることによってのみ、肯定されうる。

　第三の命題では、社会構造は人間の活動のなかで、またそれを通じてのみ現に存在するというものである。ギデンズへと押し流され、ＴＭＳＡを「同時性モデル（simultaneity model）」に固定するおそれが生じている。「同時性モデル」に対しては、D.レイダーが、「客観的な構造が、同じときに相互行為の内在的な生成の結果でありながら、どのようにして相互行為の外部にあって、しかもそれに対して決定する力をもつものとなりうるのだろうか」(14) と非難しており、ベントンもまた、創発的性質の実在性が同時性にかけられ、創発的性質が個人主義的流儀で「他の人々」のうちに組み込まれて消失するという危険性があり、バスカーを「社会構造の観念は、……因果的力の自律的所有者としては、……本来の実在性としては認証していない」(15) と非難した。バスカーが構造について語るときには、個人主義者の「人格化」戦略（人々）から諸関係（地位、自然、機械や工場のよ

うな社会的産物との関係を含む）へと焦点を移していることは明らかであるのだが、バスカーが唯一窮地を脱するのは、「人間が行うことまたはすでに行ったことを除けば、社会のなかでは何事も生起しない」(16) と述べているなかの、「またはすでに行ったこと」の付加が、三つのすべて（方法論的個人主義、還元主義、ベントンの結論）を回避できる。

　創発的性質の実在性を維持するためには、エイジェンツの活動と、その活動を通じて働くとはいえ、社会構造のうちに内在している実在的な力とを、区別することが必要なのである。社会構造は、人間の活動を通じてのみ効果をもつだけでは不十分なのであり、創発的性質の効果は「他の人々」による効果ではないし、物象化概念に含まれているのでもない。

　過去の行為の力は、創発性の力である。これによって創発的性質について、過去の行為の結果（あるいは結果の結果）について語ることが可能になる。この過去の行為の結果は、現在のエイジェンツの今の行為に先行していながら、その今の行為を条件づける。この条件づけは、現在の活動に依存することもなく、またその活動についての今現在の概念化によって影響されることもなしに、行為を可能にしまたは制約する。そこに物象化のおそれはなく、社会構造が人間の活動を通じてのみ効果をもつということが肯定されるためには、社会構造は過去の行為の効果であり、その結果が昔の人々を超えて行き残っていることを承認するような仕方で肯定される場合のみである。時間的な脱出口が、社会構造の実在性を本来的なものにする。創発的性質としての過去の行為の結果は、因果的力の自律的な保有者として、後に続く行為者たちとその活動にその効果を及ぼす。どのように引き継がれ、どのように及ぼされるのかということが、構造とエイジェンシーの関係について、先行条件と現在の活動との区別を行う分析的二元論にもとづく M ／ M アプローチが理論化しようとしているものである。

　「構造は、エイジェンツが、自分たちの日々の活動においてなにをしているかについて自分たちがもっている知識から独立の実在性をもたない」(17) というギデンズの主張と、「知識の自存的（intransitive）な対象の指標は、それが対象となっている知識から独立に実在し効果を及ぼすことである」(18)

というバスカーの言明および社会的構造は自存的な対象であるという彼の断言、との間では互いに異なった別々の世界が存在するが、アーチャーは、バスカーの「社会は、……相対的に独立的で持続する諸構造の接合されたアンサンブルとして理解されるだろう」(19) という、構造と人間エイジェンツの間の相互作用についての議論に移行する。その議論は、構造とエイジェンツを相互構成的なものとみなす中心的合成論者には閉ざされているような仕方で行われるのである。

＜分析的二元論の必要性＞

二つの決定的な点、①構造は、実践の物質的要素を取り除いてしまうなら、「社会的実践」によっては与えられず、構造は「社会的実践」の一部分にほかならないものとしては概念化できない。構造の相対的に自律的な力、およびその影響力の還元不能性、そしてその先行実在性からして、社会的実在性の別個の階層を構成するものである。②エイジェンツは、生物的要素を取り除いてしまうならば、「社会的実践」によっては構築されえない。個人の相対的に自律的で心理的な性質、そして実践を説明するためにも心理的なものが不可欠であること、すなわち、社会的実在性はさらに階層化されており、行為者たちの日常的な生活における実践的な行いにとって、異質な心理学的階層を含んでいるということである。

「構造的特徴」と「心理学的特徴」は、「社会的実践」へと圧縮されることを拒否するので、社会的実在性は実践の存在論に包摂されえない。そして、社会的実在性がそれぞれ異質な性質をそなえた相異なる階層からなっているとすれば、それらの間の相互作用を検証することが避けられない。理論の基礎づけを、行為と組織との「交差」、すなわち社会的実践におくことは満足すべきものからはほど遠い。実在的な構造と実在的なエイジェントたちとの相互作用、つまり「構造」と「エイジェンシー」との関係を検証することに主題は移る。

構造とエイジェンシーはそれぞれ、そのレベルに特有の創発的性質を有しているので、社会理論の課題、たとえば、選択肢の相異なる配分、諸個

人における異なる種類とカテゴリーの欲求や必要との間にある空間の探求や社会構造によってもたらされる自由と制約の程度の探求、このような分析は、構造とエイジェンシーの関係においては、補足関係や相互支持関係でもない [20]、とトンプソンは述べていて、互いに構成的なものとみなされることもない。

　分析的二元論は、二つの階層の間の相互作用を探求する方法である。二つが相互に独立し合っているから分析的であり、それぞれの階層がそれ固有の創発的性質をもつとみなされるから二元論的である。

＜方法論としての形態生成／安定論＞
　創発性が意味していることは、「構造」と「エイジェンシー」が分析的に分離可能であり、しかも、所与の「構造」と「エイジェンツ」は時間次元を異にする別々の回路をもち作用しているので、それらは相互に区別できるということである。つまり、存在論的創発性についての社会的実在論者としては、問題にどのようにアプローチすべきかについての実践的なガイドラインとしての形態生成／安定論的な枠組みが、構造とエイジェンシーが時間と空間のなかで実際的に分析される方法を提供するから、社会実在論の実践的な補完として打ち出されることになる。アーチャーにおける形態生成／安定論的アプローチの中心的主張は、「分析的二元論」が実践的社会分析において最も強力な道具を提供するというものであり、その分析的二元論は、「諸部分と人々」との、「システム的なものと社会的なもの」との、「構造とエイジェンシー」との、あるいは「行為とその環境」との間の相互作用を検討せよという指令である。

＜研究の基礎的戦略＞
　基礎的戦略は、構造とエイジェンシーの非合成論に、時間における両者の分析的な分離に基礎をおいていて、二つの公理（基礎的命題）、すなわち、①構造は自らを形態転換する（諸）行為に必然的に先立つ、そして、②構造的エラボレーションは必然的にその形態転換を行う行為の後にく

る、ということを承認することにもとづいている。両命題は、構造とエイジェンシーとの間で作用する条件づけ的で発生的なメカニズムなのである。

　構造の同定は、その還元不能な性格、自律的影響力、相対的に持続する性格のゆえに、占有者／在職者のどんな特殊なコーホートに対しても先行するがゆえに、可能となる。エイジェンシーは構造を創造するのではなく、ただそれを再生産し形態転換するだけなのである。この経過を分析的に三つの階梯に分けると、創発性－相互作用（interplay）－結果と名づけられる。

　分析原理はその過程の流れを分解して、当面する問題によって決定されるさまざまな間隔に分けることにある。なにか問題が与えられれば、時代区分が与えられ、三つの局面の前方と後方への延長は、先行の分析的サイクルと後続の分析サイクルへと結合される。分析的サイクルの時間的把握は構造化を理解するための基盤を表現しており、それが構造のエラボレーションの特殊な形態の説明を可能にする。

＜分析の四つの命題＞

　社会システムを構成する諸構造への、形態生成／安定論的な分析の実践的な研究の適用は、四つの命題をともなう。

① 　社会諸構造（ＳＳ）の内部および相互間には内的で必然的な関係が存在する。

② 　因果的影響力は、社会的相互行為（ＳＩ）に対して、社会（諸）構造(ＳＳ)によって及ぼされる。

③ 　社会的相互行為（ＳＩ）のレベルでは、諸集団と諸個人の間に因果的な関係が存在する。

④ 　社会的相互行為（ＳＩ）は、現在の内的で必然的な構造的関係を変更し、形態生成に関連づけられる新しい関係を導入することによって、社会（諸）構造（ＳＳ）の組成をエラボレートする。あるいけ、社会的相互行為（ＳＩ）は、形態安定が当てはまるとき、実在する内的で

必然的な構造的関係を再生産する。

　命題①は、分析的二元論のための憲章を表現している。社会（諸）構造の構成諸要素は創発的な性質としてとらえられ、その創発的性質の創発性はそれ以前の「世代」の活動に依存しているものである。命題②と③、そして④は、形態生成／安定の基礎的なサイクルの三つの局面を表している。その三つのサイクルは、命題①にもとづいて打ち立てられている。

　命題①を拒否する理論家のなかで、説明方式がＳＳ→ＳＩである下向的合成論者は、命題②だけに同意するだろう。上向的合成論者は、ＳＩ→ＳＳを採用し、命題③を確保する。中心的合成論者は、説明枠組みＳＳ⇔ＳＩを支持するので、命題④を一時的にのみ承認できるだろう。

　さて、構造とエイジェンシーの分析的二元論の使用は、文化とエイジェンシーに対する仕方とパラレルな関係である。

① 　文化システム（ＣＳ）の構成諸要素の間には、内的で必然的な論理的関係が存在する。

② 　因果的影響力は、社会－文化的相互行為（Ｓ－Ｃレベル）に対して、文化システム（ＣＳ）によって及ぼされる。

③ 　社会－文化的相互行為（Ｓ－Ｃ）のレベルでは、諸集団と諸個人の間に因果的な関係が存在する。

④ 　現在の論理的な関係を修正し、形態生成に関連づけられる新しい関係を導入するような、社会－文化的相互行為（Ｓ－Ｃ）に起因する文化システム（ＣＳ）のエラボレーションが存在する。あるいは、社会－文化的相互行為（Ｓ－Ｃ）は、形態安定が当てはまるとき、実在する内的で必然的な文化的関係を再生産する。

　以上の四項目は、文化的条件づけ－文化的相互行為－文化的エラボレーションという形態生成的な一つのサイクルを描き、連続している。つまり、④の最終産物は新しい①を構成し、文化的な変化の別のサイクルが始まる。

　合成論的理論化の各々の変種は、付随現象主義のゆえに、あるいは構造または文化とエイジェンシーを融合してしまうがゆえに、「構造とエイジェンシー」や「文化とエイジェンシー」についての、それぞれ異なる姿を

表3-4　合成論の一元論的性格

	①	②	③	④	説明枠組み
下向的合成論	×	○ 行為者が全体論的存在に形作られているから	△（余計なもの）システム活性化過程において人々が生み出す雑音にすぎない	× エイジェンシーに構造の修正力を与えるから	SS → SI 形態安定論
上向的合成論	×	× 上向と下向の双方向の関係を仮定しているから	○ 構造を構成するものは諸集団間の因果的関係だから	△（余計なもの）因果関係は支配の利害関心に基づく構造の操作のためだから	SI → SS
中心的合成論	×	× 分離した命題を否定するため システム的影響は、エイジェンツによる規則と資源の事例化に依存	社会関係は、意味や支配の正統化の共有システムに依存しているから	△ 人間エイジェンシーの形態転換能力を一時的に承認できるが、命題の組換えを要求するだろう	SS ⇔ SI

した問題を生み出す。非合成論的理論化を実行に移すためには、「諸部分」と「人々」を分離する可能性を確立し、構造分析においても文化分析においても分析的二元論の有益性を論証するという、二つのことを行わなければならない。

5　相互作用

<ギデンズとバスカーの「二重性」概念の差異>
　ギデンズは、構造的性質が効果をもつためには、現在のエイジェンツによる「事例化」を要求するのであり、その「結果」は自己同一的で同時的な過程の構成部分なのだとする。
　これに対してバスカーは、一方では、現在に圧縮されているというより

も、「時制的」な過程として時間上の広がりをもっている「構造の二重性」を扱う。他方では、「生産」と「再生産」は再び時間のなかで位置を占め、それぞれまったく相異なるエイジェンツを含むこともありうる「実践の二重性」を扱う。このような「構造」と「実践」を分離する見方は、構造化理論においては妨げられているものである。

　構造化理論では人為的な括弧入れによってのみ分離されうるだけであり、そのエポケーが我々を同じエポックに閉じ込めてしまい、構造化を再び同時性にゆだねてしまうことで、構造とエイジェンシーの間の時間的な相互作用の探求を妨げるのである。

＜構造の創発的性質と行為者の経験の不調和＞
　社会構造に内属している「力」、「傾向」や「超事実性（transfactuality）」そして「発生的メカニズム」が、実行あるいは認知されずとも実在するとすれば、それらと行為者たちの日常の現象的な経験との分離もまた存在しなければならない。開放システムとしての社会の性質のせいで、構造の創発的性質と行為者の経験とが調和しないという事実から帰結することは、二つの部分からなる考え方（分析的二元論）が論理的必然になる。部分１で、社会構造の性質そのものを析出しようとし、部分２で、経験的なものを概念化しようとする、この二つの見方が同じになることはなく、それらは別々の立場から記されることになる。

　時間上の任意の時点 T^1（84 頁、図３－７参照）で、D. ロックウッドが「システム統合」としたものが「社会統合」と不調和になるかもしれないので、T^2 における結果を説明することが社会統合とシステム統合の相互作用を検証するという含意をもつ。つまり、「構造」と「実践」を分離する見方を連結する分析的二元論を課すことになる。

　三つの合成論の共通の誤謬は、いつも一元論的な見方に帰着する。上向的ならびに下向的なバージョンにおいては付随現象主義的な還元主義であり、中心的合成論では、人の関心に依存した分析上の便宜のための、人為的な括弧入れの実行だけが、構造と実践を分離しうるからである。

<過去と現在が絡まる利害の先行的構造化>

　バスカーは、人間の活動を、「（意図的な）効果的力をもったエイジェンシーによって、前もって与えられている物質的な（自然的および社会的な）諸原因を形態転換することにその本質がある」(21) とみなす。バスカーにとっては、エイジェンシーの意図の表明のために、社会形態が引き合いに出されなければならないという意味であり、もう一つが、先行的に実在する関係的諸性質の創発性は、現在の行為者たちと彼らの状況に対して、否応なしに衝突するという意味で、「事例化」のような主意主義的な概念には包摂されえないということである。

　過去時間と現在時間とがからまりあう構造の関係的な概念化は、行為の構造的条件の配分、特に差別的な配分に、焦点をあてることを可能にする。つまり、①あらゆる種類の生産的資源の人々や諸集団への配分、②人々や諸集団の機能や役割への配分を通して、社会構造における利害に動機づけられた形態転換の可能性を位置づけることになる。

　今ここにいる行為者たち自身は、配分や役割やそれに関連する諸利害には責任がないということであり、行為者たちのコンテクストならびに利害の先行的構造化が、現時点における、形態転換への圧力を、あるいは安定的再生産への圧力を形成するという認識である。

　再生産は既得利害につなぎ止められてはいるが、単なるルーティン化ではなく、形態転換もあらゆる瞬間にある画一的な潜勢力でもない。形態転換を推進または押しとどめるような特殊な利害をともなった特殊な地位に位置する、確定可能なグループ間の特定の葛藤に根ざしている。

<構造と行為を結びつける媒介項>

　「構造とエイジェンシー」の間の相互作用（interplay）が帳消しになることにより、二つの要素も失われる。第一に、「構造的性質」の発生過程とその影響である。先行する社会的コンテクストのなかでの相互行為による起源と、現在の相互行為のコンテクストを構造化することによる、その性質の影響の仕方とを説明することである。つまり、構造的諸要因相互に、

あるいはそれらをエイジェンツと関連づけることである。第二に、「エイジェンシーの構造化」である。社会のなかへの必然的な組み込みが、我々が表現するような性向をそなえた社会的存在になることを助けるような過程であり、それはエイジェンシーの再概念化を指示する。

　バスカーは、ＴＭＳＡを社会理論として完成させるためには、社会構造と人間エイジェンツとの間の相互作用についての「第三の見方」が求められていると認めており、ギデンズの自由に浮動する「様相（modalities）」との間には大きな隔たりがある。ギデンズの自由に浮動する「様相」とは「解釈図式（interpretative scheme）」「便益（facility）」あるいは「規範（norm）」のことで、それらは知識のストック、力、慣習であり、差異的に配分され具体的に位置づけられているというよりも、むしろ普遍的に調達可能なものである。バスカーは、「我々は、実践の二重性の両側面を架橋するような、……媒介概念のシステムを必要としている。それは、人間エイジェンシーと社会構造との＜接触点（point of contact）＞を指し示す概念のシステムである。行為を構造に結びつける接点は、持続するものでなければならないとともに諸個人によって素早く占められるものでなければならない」[22]と主張し、この結合について、具体的でしかも場所的であって、差異的に配分されている関係として理解するならば、時間的な連続性の要請を満足させ、さらに還元不能な創発的なものであることになる。こうして、「媒介システムは、……地位（場所、機能、規則、義務、権利）のシステムであり、それらの地位に諸個人がつくことによって（……逆に、地位が諸個人をそこにつかせることによって）、諸個人がその地位に関与するもの」[23]として、媒介システムを「地位－実践システム」と呼んだ。

　ただ、アーチャーによれば、役割の受動的な側面としての「地位（position）」であれば、狭すぎる。代わりに、「彼らは、地位のなかに自分自身を見出す」という日常的な意味ならば、問題的な（あるいは適合的な）状況またはコンテクストのことで、特殊な規範的期待と結びついているわけではなく、「恵まれていない人々」や「信念をいだいている人々」、あるいは「理論Ｘを保持している人々」など、という集合的意味と結びついてくる。と

いうのも、バスカーが、T² における経験的な生活世界は、「重要な経験が生起する存在論的で社会的なコンテクストに依存している」(24) と述べているからである。

　M／M アプローチでは、エイジェンツが過去から引き継いだ構造のなかで遭遇するあらゆる問題を、役割の問題に限定したりしない。したがって、形態生成的な潜在力を構造において遭遇する急迫性に限定したりはしないし、利害を役割に帰属するものだけに制限したりもしない。構造が「接触点」でエイジェンツと衝突する仕方について、さらに多くのものをもつ。行為に対し、制約し可能にする構造的な条件づけは、「水圧」のような機械的なものでは決してなく、人間の主体性の否定を付随させるようなものはなにもないため、両者をつなぐ「メカニズム」ではなく、両者を結びつける「媒介項」について語ることが好ましい理由である。バスカーにとっても、「意図的な人間行動は、……常に理由によって引き起こされている」(25)として、「意図性」はエイジェンシーを構造から境界づけるものである。構造の内部で相異なる地位を占めている人々に行為の異なるコースをとる理由を供給することから、行為に対して構造がもっている条件づけの効果についての概念化がなされる。

6　システム統合と社会統合／安定性と変化

＜諸部分と人々：システム統合と社会統合＞

システム統合の存在論／方法論的見方を提供できなかったロックウッドの限界
　D．ロックウッドの「社会統合とシステム統合」の論文では、方法論的個人主義が依拠する社会的安定性研究としての「社会（不）統合」は必然的なものではあるが、紛争理論も規範的な機能主義から「社会統合」の問題に限定されており、アーチャーによれば、一般的機能主義の焦点である「システム統合」との相互作用によって補完されないかぎり、社会変化を説明

する基礎としては不十分である、ということである。それゆえ、ロックウッドは、特殊な因果的力が、存在論的に基礎づけられていない構成要素に帰属させられて、その構成要素の影響力の様相も方法論的に特殊化されていないので、システム的な性質を人々から分離し、因果的力をシステム的な性質に帰属させるのはいかにして可能なのかについての、存在論的な見方を提供できなかった。

　したがって、アーチャーは、集団相互間の力の均衡に影響する、構成要素（創発的性質の諸要因）の可変的な結びつきによって説明を案出することによる説明力の増大を意図して、「諸部分」を「人々」から区別した上で、それらの相互作用を検討する必要性を説いている。分析的のみならず、時間的要素のゆえに区別可能であることから、二つの統合の構成要素が実在的なものであり、構成要素に因果的あるいは生成的な力を帰属させることは、「社会関係が、物質的な諸条件の所与の組み合わせのうちに潜在的に存在するという一般的な見解には、なんらの形而上学的なものもない」(26)という主張に帰結した。

　それにもかかわらず、ロックウッドの明確な点は、何が社会システムの構成要素であるかという問いに、観察可能な事実や存在というレベルでは答えられないということだから、規範的な機能主義の「制度的パターン」を、不適切な解決として、正しくも退けている。

実在論者における社会システムの構成諸要素（諸構造間の創発的諸性質）
　ロックウッドは、システム的な「存在物」の本性はなにか、あるいは社会諸システムの「構成要素」はなにかという問題に対して、システムの構成要素は方法論的個人主義ではとらえることができず、全体論的な機能主義における観察可能な「制度的パターン」に制限することも拒否すべきだ、と気づいていた。実在論的アプローチや形態生成／安定論的アプローチでは、構成諸要素を観察可能な「制度的パターン」に限るのとは違い、構造それ自体は非観察的な創発的かつ因果的な諸力を内包しているとみなす。それゆえ、「構成諸要素（component elements）」を、ある特殊なシステムを

構成する諸構造間の関係から生じる「創発的諸性質（emergent properties）」として定義する。したがって、社会諸システム（social systems）はそれらの構成要素の諸構造の特殊な編成体（specific configurations of their component structures）とみなされ、この編成体において、社会諸システムの創発的諸特徴は、構成要素の諸構造の間の諸関係から派生する（the emergent features of the former derive from the relations between the latter）。つまり、構造の非観察的で創発的な因果的諸力の組み合わせ（諸関係の間の諸関係）が、さらなる創発的なシステム的諸性質を生み出す。出来事のレベルの観察可能な社会的パターン化によっては与えられないとするロックウッドの問いへの答えは、実在的だが観察不可能な関係についての創発的性質によって与えられる。

＜創発的性質としての社会構造と文化システム＞

　創発的性質は構造的な領域にあるものであって、「制度的なパターン」や「社会組織」や「社会－経済的階級」のような観察可能な特徴とは別のものである。創発的性質を際立たせているものは、その実在的な同質性であり、創発的性質を構成する諸要素間の関係は、内的で必然的なものである。その内的関係の自然必然性は、外的で偶然的な関係あるいは外面的で偶発的な規則性から切り離して位置づける。二つの存在の関係が偶然的なものだと言明することは、影響力を及ぼさないことではなく、実在的に独立しているがゆえに、自立して存在できるということにすぎない。

　創発的性質の自然必然性について語ることは、この種の所与の関係が実際に実在するかどうかは、それ自身偶然的であるため、創発の分析的歴史が必要となるのである。自然必然性とは、創発性Xが、ある特定の構成要素、A、B、C、Nなしには、またそれらの間の関係なしには、現にそうであるようにはなりえない、ということだけであり、それ自身関係的なひとつの性質である創発性Xそのものが、根本的な仕方で自らの構成諸要素の力を変更させ、本来的な因果的影響力をふるうような創発的能力をもっているということである。このような生成的な力こそ、創発的な性質の資

格証明であり、創発的性質の実在性は因果的効果によって確かめられる。我々の考察を出来事のレベルにおける観察可能な効果に限定するならば、見た目に明らかな規則性を求めるネオ・ヒューム的な要請に関与することになり、因果的力の実在性を明確に同定するのは困難である。

バスカーの批判的実在論は、「実在的」「経験的」「現実的」な三つの存在領域を区別しているが、形態生成論アプローチは実在的なものから現実的なものへと飛躍せずに、むしろ実在的なものと現実的なものの間の関係に基盤をおく。それは、構造（および文化）から傾向的に現れ出る生成的メカニズムを創発的性質として分析することによって、さらには、自己反省と社会的反省という創発的諸力を自らそなえている人々による、創発的性質の受容を分析することによってなされる。その結果は、それらの相互作用の産物なのである。

社会には、構造的・文化的・エイジェント的な創発的な性質がある。それら各々が他者に還元できず、相対的自律性をもち、また相対的に持続的である。

構造的な創発的性質を識別するものは、物理的な物質的資源と人間的な物質的資源への第一次的な依存性である。その本質的構成要素の間の内的で必然的な関係は根本的に物質的なものであり、この物質的な内的必然的関係が、創発的性質を形成するのであり、その関係なしには創発性は実在できず、また創発性を特徴づけるような因果的力をもつこともできない。

物質的関係は観念に関連づけられるとしても、物質的関係と観念とは融合されるべきではない。物質的関係は強制と操作によって支えることができるので、観念による正当化は必須のものではないからである。物質的諸資源が規則との結合においてのみ、はじめて「バーチャル」なものではなく実在的なものになれるという構造化論者の主張には、克服しがたい困難が付着している。

基礎的な論証は、土地や食料などのような資源の存在論的地位を立証することにある。なぜならば、①規則や意味とは、資源への参照指示なしには理解不可能だから、資源は自律性を有する。②それらの第一次的な実在

性は、それに押しつけ、付与できる意味づけを拘束するから、先行的なものである。③それらの効果は、それに付与される解釈から独立しているから、因果的影響力を及ぼすのである。

　ＷＨ．シーウェルの論証 (27) は、物質的資源にアクチュアルな地位を、文化的枠組みにバーチャルな地位を割り当てたうえで、二つのものが含意し合い、支え合っている場合にだけ、構造を限定すべきだとし、資源の自律性、先行性、因果的効果性を排除している。アーチャーによれば、構造を規則と資源の組み合わせに限定する意図のもとでは、資源対資源の関係は見失われ、規則対規則の関係もまた行方不明になっている。規則対規則の関係は、文化的な創発的諸性質として定義するそのものである。

物理的／人間的な物質的資源による社会構造的な創発的諸性質

　任意の時点Ｔ^1（84頁、図３−７参照）における構造は過去時制における活動に依存しており、先行するエイジェンツの行いと、意図しなかったさまざまな帰結との組み合わせの物質的な結果を表している。物質的な観点からして、先行するＳＩの結果が構造的な創発的諸性質（諸配分、諸役割、制度的な諸構造、社会諸システム）を構成する。それらの必然的で内的な関係に、次の世代のエイジェンツが向かい合う。

　構造的な創発的諸性質の正しい同定にとって有意義なコンテクストは、社会的相互行為のコンテクストではない。社会的相互行為は、エイジェンツがコンテクストについてもつ、間違いやすい部分的な評価、たとえばＳＩレベルでの誤った情報や非情報を含んだＳＳレベルの構成諸要素についての信念を生み出すだけである。

　相対的に持続的で創発性のあらゆる作用をそなえた構造的創発的諸性質（ＳＥＰｓ＝ Structural Emergent Properties）は、物理的なものであれ人間的なものであれ物質的な資源をともなっていて、関係そのものに固有の因果的力を生み出すような内的かつ必然的な関係として定義される。この定義は、意図せざるさまざまな帰結の全体からＳＥＰｓを区別することに役立ち、ＳＥＰｓは意図せざる諸帰結全体のなかの部分集合である。すべての

意図せざる帰結が内的で必然的な関係に組み込まれているわけではない
し、意図せざる帰結のゆえに特定の因果的力を保持しているわけでもない。
意図せざる帰結の影響力は偶然的な仕方によるのである。と同様に、集合
的行為の最善のかたちを反省し工夫する人間の能力が介在することがある
ため、創発的性質は相互行為の単なる集積的な帰結からも区別される。

　社会分析における困難とは、出来事のレベルで仕事をしようとする人々
の、創発的な性質を単なる組み合わせだけの集合的な帰結（行為の合計と
しての帰結）のように扱おうとする傾向性である。ＳＥＰｓは、調査者た
ちの分類学的なカテゴリーとはまったく異なっている。典型的な問題は、
「社会的階層性」のようなものが、人々の観察可能な原子論的な属性を手
段として個人主義的／集積的な方法で取り扱われているので、実在的な集
合体にではなく、調査者の観念的な構築物に関連するカテゴリーに割り当
てられているやり方では、その配分は加算的なものとして扱われ、必然性
と偶然性の効果を融合することになる。

　階層化を形成する最も決定的な配分（階級、地位、権力）がＳＥＰｓの
表現（実在的諸集合体の間の内的で必然的関係の表現）であり、さらなる
関係の表現としては、集合体とその社会に行き渡っている生産様式、市場
調整、権力の制度化、地位授与の形式的メカニズムのような存在がある。
あらゆる他のタイプのＳＥＰ（役割、制度、そしてシステム）においても、
構造的条件づけと、人々の相異なるカテゴリー（原初的エイジェンツと協
働的エイジェンツ、そして個人的行為者たち）の創発的力とを区別するこ
とが、重要である。決定的なものは、「諸部分」の力と「人々」の力との
相互作用だからである。

観念的資源による文化システム的な創発的諸性質

　文化は、社会構造と同じ仕方で分析的にアプローチされる。所与の時点
にエイジェンツがもっている意味から区別される存在として、文化システ
ムの各構成要素の先行実在性と自律性および持続性がある。留意すべきは、
文化システムを構成している諸項目の間には論理的な関係が存在している

のに対して、社会－文化的相互行為レベルに属する文化的エイジェンツの間で保持されているのは因果的関係が存在していることである。

　文化システムの内部の関係は、諸観念の世界の、ポパーの世界3（知性的世界＝客観的知識の世界＝論理的一貫性という観念の世界）の性質、たとえば図書館の収蔵内容が有している性質である。これに対して、Ｘの観念がＹの観念によって影響を受けている（観念的な影響力）という事実としての、人々（観念をいだく人間同士）の性質に属する因果的な効果の場合は、論理的関係ではなく因果的なコンセンサス（ある程度の文化的統一性）を生み出す。因果的コンセンサスは、権力や影響力の行使と結びつく傾向をもっているが、論理的一貫性は、権力や影響力に対して完全に独立している。また、因果的関係は偶然的であるが、付随するかもしれないのに対して、論理的関係は現に通用している（do　obtain）ものであり、内的で必然的な関係のときには、文化的創発的諸性質（ＣＥＰＳ＝ Cultural Emergent Properties）を構成することになる。

　文化システムは文化の構成諸要素の間の論理的関係に関連づけられているのに対して、社会－文化的相互行為は文化的エイジェンツ間の刺激し合う因果的関係に関連している。ＣＳ／Ｓ－Ｃの区別は、知る主体なしの文化と知る主体をそなえた文化との間の区別に位置づけられる。それでも、文化システムと社会－文化的生活は、重なり合っており、からまりあっていて、相互に影響し合ってる。全体としての文化は、すべての知解可能領域（intelligibilia）に関連するものであり、誰かに理解される潜在的能力をもつようなあらゆる項目に関連している。ＣＳは、全体としての文化のなかで、無矛盾性の法則が適用されうる知識の諸項目の部分的な組み合わせとして、さまざまな命題（真理または誤謬の言明）からなっている。その意味で、全体としての文化は、ＣＳと等価な、ある所与の時点での命題的な記録集を形成している。これに対し、我々は、神話を生み出し、神秘に動かされ、シンボリズムによって豊かになり、操作する隠れた説得者たちのように無慈悲にもなる。これらはＳ－Ｃ的相互行為の内容である。これらのなかにある、多くの非命題的な事柄はすべて、人格相互の影響力の間

題であり、そのすべては、論理学の基準を超えているか、その外部にある。

　創発的存在として、ＣＳは客観的な実在性をもち、またその構成諸要素の間で（理論、信念、価値、あるいはそれらの命題的な定式の間で）自律的な関係をもっている。とはいえ、ＣＳは歴史的なＳ－Ｃ的相互行為の産物で、継続的で観念的な過程として創発してきたものであり、したがって生産物としてある。また、ＣＳは言うことができたりできなかったりする事柄があるのに似て、制限を含んでいるが、技術的応用の可能性を体現してもいる。創発的な存在そのものの間の関係（理論上の衝突）や、理論と物理的な環境との間の関係（優勢や没落）、理論と人間エイジェンツとの間の関係（パンドラの箱のつくり手と開け手）を通じて、新しい問題をも導き出す。

　ところで、文化との関係における分析的二元論は、反対論の三つの論拠に直面する。文化システムは、①研究すべき独立の実在性をもたない。②社会的に相対的であり、それら自身の用語によってしか理解できない。③Ｓ－Ｃ的コンテクストから分離しては検証されえない、というものである。①②の論拠としては、「命題間の論理的関係は人々の間の社会的関係に依存している」(28)というＰ．ウィンチの定式がある。だが、この定式はア・プリオリに前提された上向的合成（Ｓ－Ｃ→ＣＳの形式）の哲学的バージョンで、「意味」を「使用」に融合している。命題の論理的関係と社会関係とは同質ではありえないし、無矛盾性の法則に対する普遍的忠誠がなければ、理解可能性（comprehensibility）は維持されない。③の論拠としては、意味とその使用の区別の方法論的な実行可能性を否定するものとなっており、ＣＥＰＳの同定がコンテクスト依存的なものであり、有意義なコンテクストはその場の社会－文化的な実践の問題と主張される。だが、ＣＳレベルの創発的性質はＳ－Ｃレベルに依存しておらず、論理的関係は時点Ｔ^{1}における因果的な諸関係から独立している。任意の所与の時点Ｔ^1（84頁、図３－７参照）において、ＣＳ的関係はＳ－Ｃ的関係に対してコンテクスト依存的なのではなく、他の諸観念によって形成されたコンテクストにのみ依存している。あるＣＥＰの実在性を主張するとき、論理的レベルから

因果的レベルに降りる必要はないし、すべきではない。

<諸部分と人々：安定性と変化>
　分析的二元論は時間性によって可能になる。なぜなら、「構造」と「エイジェンシー」は異なる時間の段階づけによって、エイジェンシーに先行して構造が存在することで、実践的な社会理論の定式化が可能になるからである。社会的実在性についての階層化された見方が事実であれば、「視野の問題（problem of scope）」は、重要な関心事となる。構造は、エイジェンシーから自律しており、エイジェンシーに対して因果的影響を及ぼす。言い換えれば、「社会統合」を条件づける「システム統合」である。「システム統合」は社会統合に先行するのに対して、「社会統合」は常にここと今に適用されるため、社会統合はいつも歴史的に状況づけられている。

　構造ならびに文化の先行性は、エイジェンシーに対して行為の異なる傾向性を与えるかたちで、条件づけの影響力を及ぼすとはいえ、エイジェンシーを決定することでは決してない。二つの意味で、エイジェンシーそれ自身が創発的な力のにない手だという事実にもとづいている。一方では、社会－文化的条件づけのいかなる形態も、人々に対してのみその効果を及ぼすのであり、また人々を通してのみ効果能力をもつということだから、条件づけの影響力は、エイジェンツの反省的評価にしたがう。その反省的評価力は、自己意識と自己モニタリングという創発的性質に由来している。他方では、エイジェント的な関係そのものが創発的力、すなわち「人々の創発的性質（ＰＥＰＳ＝ people's emergent properties）」を表現している。つまり、エイジェント的関係は、彼らの意識と参加と親近感や憎悪感に働きかけて、構成メンバーの能力を変化させる。さらに、他のエイジェンツやそれらの集団化に応じて、彼らの関係（エイジェント的関係）そのものに、協働、組織化、諸利害への反対やその表明などの固有の因果的力を発揮する。任意の所与の時点 T^1 におけるエイジェント的な諸特徴（ＰＥＰＳ）は、以前の形態生成のサイクルにおいて存在しつづけていた社会－文化的コンテクストのもとでの、先行的な相互行為の結果なのである。

- 76 -

エイジェンツの先行的集団化は、新たな形態生成／安定論的サイクルの開始においても存在している物質的資源の先行的配分、ならびに観念的資源の先行的構成と同等の位置にある。つまり、形態生成の間中、三つのサイクルのすべてが再集団化、物質的資源の再配分、観念的資源の再構成（re-constitution）を経験する。

「諸部分」と「人々」との創発的力の相互作用

ロックウッドによれば、形態転換は、無秩序に陥ったときに、現状からのズレをともに増大させていく二つ（「諸部分」と「人々」）の力の間の適合性から帰結する。つまり、現状とのズレは、構造的に条件づけられ、エイジェンシーによって現実化されるが、両者の力の不適合性は変化について非生産的となる。不適合性は、構造的条件づけがエイジェンシーによって実現されないから、構造的力を有効に働かなくさせる。同じように、構造的影響力が相殺されることによって、エイジェント的力が効力を失うときも、再生産が再び後に続くことになる。

アーチャーは、ロックウッドの定式化は、構造および文化と人々の、二つのタイプの生成的メカニズム（generative mechanisms）の「所与の」状態を扱っているだけだとして、生成的メカニズムの発展のダイナミズム（二つの創発的諸力の合流）によって補完される必要性を説く。構造と文化の

図3－6－1 「諸部分」と「人々」の相互作用のイメージ

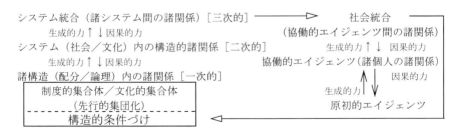

形態生成論と二重の形態生成論である。二重の形態生成論では、エイジェント的な力が、社会－文化的形態転換の過程においてエラボレートされるのである。

「諸部分」（ＳＥＰｓおよびＣＥＰｓ）と「人々」とを区別して、それらの相互作用を検証するのは、「諸部分」の創発的力と「人々」の創発的力（ＰＥＰｓ）という二つの創発的力の合流についての問題なのである。

重要な相互作用の若干の検討

ＣＥＰｓは、マクロ的な視野におけるある教義のようなレベルから単一の命題のレベルまでの広がりをもつけれども、ＳＥＰｓの創発的諸力の独立変数的性格により、アーチャーは、ＳＥＰｓのタイプによって特徴づけられるさまざまなレベルにそくして、ある「諸部分」と「人々」との相異なる創発的諸力間の、独立的な変種形態にかかわる重要事項を簡単に検討している。

①　地位のレベルあるいは諸資源の構造化された配分により、さまざまな集合体は先行的にグループ分けされる。階層化された相異なる集合体は、有利な状況を維持し改良することに既得利害をもっているが、大きく二つに区分される。一方は、類似の境遇を与えられ、似通ったやり方で行為し合う、同じような立場におかれた人々によって、集積的な効果を及ぼすだけで、組織化されない集合体である原初的エイジェンツ（Primary agents）である。前もっての配分構造によって先行的にグループ分けされた原初的エイジェンツだから、構造的変化にとっては脱線的煽動者にすぎず、地位に応じて、組織を欠いた地方化された対立の形態をとる。他方は、ＳＥＰｓの条件づけの影響力や、集合体内部の結束に影響を与える社会的諸要因とどれほどからまりあっているのかに依存しつつも、潜在的形態転換に関与できるほどの促進的な組織の創発的力と利害の表明とをともなう協働的エイジェンツ（Corporate agents）である。

②　役割のレベルでは、その役割の各々が他のものと必然的かつ内的に関係しており、物質的必要条件とも必然的かつ内的に関係している。「シ

ステム的なもの」と「社会的なもの」との違いは、役割とその占有との違いである。説明すべき「ミクロ・レベル」の問題の一つは、同一の役割の異なった「遂行」が、役割の再定義と人格的発展との両方を同時にもたらしていくことは、二重の形態生成の過程を通じて説明されるが、役割に付属する性質とその現在の保持者に所属する偶然的性質とを区別する必要がある。後者は、地位レベルで組織された集合体を特徴づける「社会統合」（集合的性質）の諸タイプとは非常に異なったものであり、組織されている個人的特性についてだけ語ることができるからである。それゆえアーチャーは、エイジェントと行為者と人格（person）とを区別している。

　人々が異なる仕方で役割を人格化すると考えることは、二つの創発的性質の間を区別することを含意する。役割それ自体（義務、サンクション、ならびに利害についての前もっての定義）と、行為者が役割との間の相互作用において発展させる人格的な性質である。実在的な行為者が占有している役割に対して、彼ら自身の理想や目的、熟練や能力、献身や距離化、融通のなさや創造性を持ち込むような特徴は、仕事によって形成されたものではない。

　役割とその占有者との相互作用を検証することによってのみ、ある役割はルーティン化のなかで人格化されるのに、その他の役割は累積的に形態転換されうるのか、について説明が可能になる。役割が形態転換される自己同一的過程において、行為者のパーソナリティは、その過程の経験を通していくらか再構成（re-formation）が進められる。学習し、反省し、結果を比較考量し、自己モニターするような人間の創発的能力に依存しているパーソナリティの修正（modification）は、再型成の役割（re-moulding roles）の自己同一的な過程において、パーソナリティも再型成されていく過程（a process of being re-moulded）である。この修正された人格的特性は、行為者たちが占有する次の役割（再定義と創造）に持ち込まれるかもしれない。

　③　アーチャーは、制度的レベルでは、例として、遊牧的な牧畜部族の構造的創発的性質が、「社会統合」（主要な住民たちの関係）の有り様によっては、牧畜農法を脅かしまたは一時停止させ、やがては定住による崩壊

図3-6-2　社会システムのイメージ

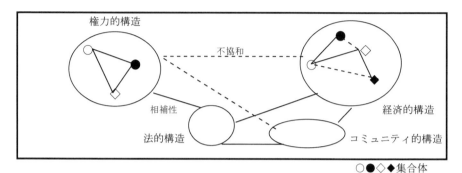

権力的構造

不協和

相補性

法的構造

経済的構造

コミュニティ的構造

○●◇◆集合体

図3-6-3　文化システムのイメージ

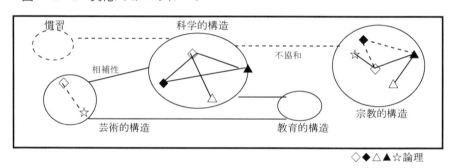

慣習

科学的構造

不協和

相補性

芸術的構造

教育的構造

宗教的構造

◇◆△▲☆論理

といった、二重の形態生成を通じてエイジェンシーに生じうる否定的な効果を示しながら、「社会統合」（主要な住民たちの関係）の重要性とその独立の変成能力について説明している。

　④　複合的な社会はいろいろな制度的諸構造（institutional structures）をもっている。それらの構造の共存は必然的に、二次的な諸関係（諸関係の諸関係）が、つまり先行する構造的コンテクストにおける相互行為の結果のそのまた結果が存在する。このような事態は、社会的実在の最高の位相に属しているから、「システム統合」としてのあり方に関係づけられる。システムは、諸構造を「もっている」のではなくて、諸構造およびそれら

の諸関係によって構成されている。制度的諸構造の間の不協和（incompatibilities）と相補性（complementaries）は、システム的なレベルでの創発性の特徴を示しており、内的で必然的かもしれないし、外的で偶然的かもしれない。

　「システム統合」の一般的な観念は、時間上の相異なる時点におけるシステムのさまざまな状態を指す。高次のシステム統合は相補性の優位性に関連づけられ、低次のシステム統合は、深刻な不協和によって特徴づけられる。社会システムは統制されていない編成体として、関係的な性質の両方のタイプ（高次統合と低次統合）を含んでいる。それぞれの制度に単独に属しているような関係的諸性質（構造）の上部の、それを超える諸性質なのである。先行的に実在する制度的諸構造から生じる「システム統合」は、それに向かい合う人々よりも前に存在しているので、制度的決定に重要な役割を演じている協働的エイジェンツの間で維持されている「社会統合」の諸関係から区別できる。こうして、「システム的」傾向性の運命は、「社会」統合と合流するかどうかにかかっているという決定的な考え方をもつことになる。

図3-6-4　システム統合のイメージ

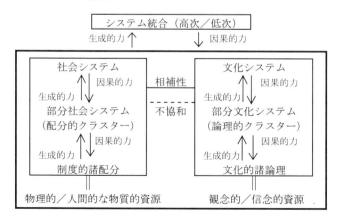

7　小括

ロックウッドの分析的二元論

　分析的二元論は、ロックウッドによる「システム」統合と「社会」統合の間の区別を支えているが、ロックウッドの説明的アプローチは、「社会」統合の状態と「システム」統合の状態との特別な結合によって、再生産（両者の高度な統合）よりも形態転換（両者の統合の不具合）が支配的である場合の説明力であった。「もし……なら、……である（if ……,then）」といったタイプの説明方式では、どこで二つの状態が生まれ、どのようにして相互に影響を与え合うのか、どんな過程が明確な結果を生み出すのか、といった諸問題が残されたままであり、内包されているメカニズムまたは過程を特定することが欠けていた。

バスカーの実在論

　ロックウッドにより残された、なにが社会システムの「構成要素」をなしているのか、またどのようにしてそれらの構成要素は人々に対して因果的効果をおよぼすと解されるのかに対する回答を、社会実在論は創発的性質とその創造的力とによって提示し、「構成諸要素」の創発的性質と、「諸部分」と「人々」との区別を正当化する階層化された社会的世界という原理的考え方、とによって実在論を基礎づける。

　だが、アーチャーによれば、生成的な力の行使は社会の開放システム内部の偶然的な介入によるというバスカーの説明方式は、「もし……なら、可能であろう（if ……, possibly)」というタイプのものである。見失われていることは、単独の創発的性質ではなく、複数の生成的な諸力とそれらの相互的影響力の合流を考慮に入れなければならないということである。

アーチャーの形態生成論アプローチ

　実践的社会理論の説明力と実在論的哲学の存在論的強みとのギャップは原理的に方法論的なものであり、ロックウッドの実践的な理論化とバスカーの実在論的社会存在論とのギャップを架橋するような方法論的な補完作業の貢献を提供しようとするのが、形態生成論アプローチである。

　図3－7の三つの線分は、すべて連続的なものであり、扱っている問題によって決められる長さの区間で、経過が単純に分割されている分析的な要素である。なにか問題が与えられ、それにともなって時期区分がなされると、三つの線分の投影図が先行と後行の形態生成のサイクルに結合される。形態生成論の理論化にとって、時間がいかに本質的なものとして組み込まれるかが重要なのである。

　一方では、ロックウッドに欠けていた、つまり構造と文化がエイジェンシーを因果的に条件づけ、さらにエイジェンツが構造的ならびに文化的なエラボレーション（あるいは、永続的な再生産）を導くような過程をも条件づける。他方では、三組（構造、文化、エイジェンシー）の三つのサイクルは、社会において連続的に作動しているため、その中間の相互行為において交差しつつ、常に三つのサイクルの間で相互に関係し合っている。それらはまた、相互に相対的に自律性をもちつつ、入り組んでおり、形態生成／安定の様相は三組の創発的性質の合流による。そこで、どのように、それらの相異なる状態の生成的な力が組み合わされのかを理論化することによって、その帰結についてより確かな期待を拡大できる。

　最終的には、もちろん、偶然的なものは残る。偶然性という性質は、いかなる時点 T^1 においても実在するし、T^4 において、なにがエラボレートされてくるかについてもそうである。社会システムは開放的なものであり、予期できないイノベーションという人間の力のせいで固定された形式をもたない。

　アーチャーの形態生成論アプローチが提唱している説明は、研究対象となっている実践的問題に対する創発性の分析的な歴史という形態をとる。説明は、三つのサイクルの内部、およびサイクル間の相互作用（interplay）

図3-7-1 構造の形態生成

図3-7-2 文化の形態生成

図3-7-3 エイジェンシーの形態生成

を吟味することによって、創発性の分析を行う。分析的二元論の利点は、時間経過の交換的な相互行為（reciprocal interaction）を通じて、「諸部分」と「人々」が相互に形成したり（shape）、再形成（re-shape）し合うことによる、動力学を吟味するための道具なのである。

（ 1）　John B.Thompson, 'The theory of structuration', in David Heeld and John B. Thompson(eds.), *Social Theory in Modern Societies: Anthony Giddens and his Critics*, Cambridge University Press, Cambridge, 1989, p.65.
（ 2）　Andrew Sayer, *Method in Social Science*, Routledge, London, 1992, p.119.
（ 3）　Roy Bhaskar, *The Possibility of Naturalism*, Harvester Wheatsheaf,Hemel

Hempstead,1989, pp.25-6.（式部信訳『自然主義の可能性：現代社会科学批判』晃洋書房，2006 年）

(4) Percy S. Cohen, *Modern Social Theory*, Heinemann, London, 1968, p.93.

(5) Roy Bhaskar, *Reclaiming Reality*, Verso, London, 1989, p.77.

(6) Roy Bhaskar, *Reclaiming Reality*, Verso, London, 1989, p.80.

(7) Anthony Giddens, *Central Problems in Social Theory*, Macmillan, London,1979, p.217.（友枝敏雄他訳『社会理論の最前線』ハーベスト社，1989 年，224 頁）

(8) Walter Buckley, *Sociology and Modern Systems Theory*, Prentice Hall, New Jersey, 1967, p.58.（新睦人・中野秀一郎訳『一般社会システム論』誠信書房, 1980 年）

(9) Roy Bhaskar, *The Possibility of Naturalism*, Harvester Wheatsheaf, Hemel Hempstead, 1989, p.37.（前掲同書）

(10) Roy Bhaskar, *Reclaiming Reality*, Verso, London, 1989, p.76.

(11) Roy Bhaskar, *Reclaiming Reality*, Verso, London, 1989, p.78.

(12) Roy Bhaskar, *Reclaiming Reality*, Verso, London, 1989, p.78.

(13) Roy Bhaskar, *The Possibility of Naturalism*, p.51.（前掲同書）

(14) Derek Lader, *Structure, Interuction and Social Theory*, Routedge and Kegan Paul, London, 1981, p.73.

(15) Ted Benton, 'Realism and socialscience: some comments on Roy Bhaskar's *The Possibility of Naturalism*', Radical Philosophy, 1981, p.17.

(16) Roy Bhaskar, *The Possibility of Naturalism*, p.174.（前掲同書）

(17) Anthony Giddens, *The Constitution of Society: Outline of the Theory of Structuration*, Polity , Cambridge, 1984, p.26.（門田健一訳『社会の構成』勁草書房，2015 年）

(18) Roy Bhaskar, *The Possibility of Naturalism*, p.14.（前掲同書）

(19) Roy Bhaskar, *The Possibility of Naturalism*, p.78.（前掲同書）

(20) John B.Thompson, 'The theory of structuration', in David Heeld and John B. Thompson(eds.), *Social Theory in Modern Societies: Anthony Giddens and his Critics*, Cambridge University Press, Cambridge, 1989, p.74.

(21) Roy Bhaskar, *Reclaiming Reality*, Verso, London, 1989, p.92.

(22) Roy Bhaskar, *The Possibility of Naturalism*, p.40.（前掲同書）

(23) Roy Bhaskar, *The Possibility of Naturalism*, p.41.（前掲同書）

(24) Roy Bhaskar, *Reclaiming Reality*, Verso, London, 1989, p.97.

(25) Roy Bhaskar, *The Possibility of Naturalism*, p.90.（前掲同書）

(26) David Lockwood, 'Social integration and system integration', in G.K.Zollschan and H.W.Hirsch(eds.), *Explorations in Social Change*, Houghton Mifflin, Boston,1964, p.251.

(27) William H.Sewell, 'A theory of structure: duality, agency and transformation', American Journal of Sociology, 1992, 98: 1, 1-30. 4, pp.137-44.

(28) Peter Winch, The Idea of a Social Science, Routledge and Kegan Paul, London, 1958, p.126.（森川真規雄訳『社会科学の理念：ウットゲンシュタイン哲学と社会研究』新曜社，1977 年）

第4章　社会理論における時間

　構造とエイジェンシーは、時間の経過を通して同じ延長をもつものでも同時に変化するものでもない。なぜなら、それぞれの過程が、独立の変化の能力をもち、時間において相互に局面がずれることがありうるような自律的で創発的な性質を保持しているからである。したがって、二つの面を同時に凝視しようとする方法論的な見解こそ、拒否されるものである。その上で、時間経過における両者の相互作用を吟味することによってのみ結合できるということである。

1　合成論的時間

　さまざまな社会集団の活動と構造の諸性質との合成には三つの可能性があり、「上向」バージョンと「下向」バージョンの、常に特定の方向で行われる両バージョンは、一方のレベルを他方のレベルの付随現象として扱う。第三の「中心的」合成では、二つのレベルが互いに他を構成し合っているので、分離不能とみなされている。

　「中心的」合成論では、融合が「真ん中」で起こる。構造とエイジェンシーが互いに本質的構成要素になっているから、構造的性質と社会的相互行為（social interaction）とが合成される。その結果、自律性が両方のレベルで抑制され、両者の相互作用（interplay）についての吟味をも排除される。中心的合成論では、相互の構成の緊密度が高じて、実践の存在論を通じて二つの要素の事実上の融合にまでいたるのである。

　合成論の欠点は、構造とエイジェンシーが融合されてしまっている点にあるため、社会的な安定性と変化との適切な説明を排除してしまう。つま

- 86 -

図4-1　形態生成論的アプローチとの比較における合成理論の限界づけられた時間

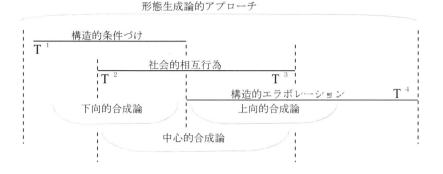

り、合成論は社会理論に時間性を適切に組み入れることに失敗している。合成論のどんな形態であっても、自立性（自律性と独立性）の否定と相互作用の否定、という同じ二つの帰結をもたらす。それは、合成論的な社会理論のすべてにおいて、創発性の否定という結果がもたらされる。

上向的合成論

　上向的合成論は、構造がエイジェンシーの派生物とみなされ、本質的に付随現象的なものだから、構造的性質を行為にとって外的な条件づけとして描くこと、および人為的なもの以上の存在論的な地位をもつ事実として扱うことは誤りとなる。Ｊ．Ｗ．Ｎ．ワトキンスによれば、「個人主義の立場の中心的な想定は、……個人がそれを変えようと望み、しかも適切な情報をもっているならば、変えることのできない社会的傾向性などは存在しない、というもの」(1)である。したがって、図４－１におけるＴ 1 とＴ 2 の間の局面へ時間的にさかのぼって参照を求めることは排除されてしまう。「人々がいなければ社会もない」という記述的な命題から、「この人々が現在ここにいるからこの社会がある」という説明的な命題へと、飛躍がなされてしまっている。

　個人主義者は、相互行為の複合的な構造的帰結（インフレーションや社

会的格差などの構造的複合体）が問題になるかぎり、その複合体の運命的な力はある因果的経過をもたらす主要な条件だということを決して容認しない。彼らは、過去の行為からの意図せざる帰結が、それに続く行為に対して、新しい構造的な影響力を発揮するような創発的な性質または集合的な効果として、T^4 において、それ固有の権利にもとづいて因果的重要性を認められないのである。

　こうして方法論的個人主義者は、永続的な「現在時制の自律性」を推奨する。しかも、構造的性質の創発性（構造的複合体）を排除しなければならず、また、その起源もその存続と影響力もみなエイジェンシーのせいだとみなさざるをえないので、時間性を切り縮めなければならない。構造的な影響は T^1 と T^2 の間で活動し始める（come into play）過去の行為の意図せざる結果であるにもかかわらず、T^2 におけるそれらの条件づけと制約を、同時代のエイジェンツの責任に帰すことなどできない。Ｅ．ゲルナーによれば、個人主義者の過去から現在を切り離す切断は、「人間の性向が歴史的な説明において従属変数である可能性を……ア・プリオリに排除しているように思われる」(2) として、我々は常に新しくスタートを切り続けて、構造的性質に影響を与えるだけの性向を想定していることになる。

下向的合成論

　下向的合成論では、技術決定論や経済主義、構造主義または規範的機能主義といった多くの変種をもつが、その非妥協的なバージョンにおいて、「人間についての過剰に社会化された見方」か、または「人間についての過剰に決定された見方」を提示することで、行為が付随現象的に扱われるようにして、構造とエイジェンシーが合成されている。

　T^2 以降は、エイジェンシーに対する構造の刻印以外にはなにも吟味すべきものがない。人々は構造のエイジェンシー、すなわち構造の体現者でありかつその実行者だから、社会－文化的な変化は構造のレベルで作用する自動的な展開過程からの結果である。行為者たちが構造に対してなんらかの独立した効果をもたらすような自律性を決して与えられていないた

め、「未来」はすでにシステムのなかに現存していた内在的な構造的傾向性の展開にすぎない。T³ が存在しない社会構造とは、全体論的なまたは心理主義的な要素の派生物となり、社会的な起源を認められない。だから、過去を扱うときには、社会理論の説明の権利を、人間生物学や個人心理学、経済的必然性、進化的な適応やあるいは単に思弁的形而上学に直ちに引き渡す。

構造とエイジェンシーの扱いを、現在におけるエイジェンシーに対する構造の押しつけに限定し、あらゆる行為者を恒久的なヒューマノイド（人間ロボット）に還元し、構造の永続的な物象化を約束する。

中心的合成論

中心的合成論は、「構造は媒体であるとともに、実践の再生産の産物でもある」⑶ という命題のもと、構造とエイジェンシーが互いに癒着として両者の結合が表現され、構造とエイジェンシーの相互構成という推定にもとづくアプローチである。

還元的な仕方で、規則と資源として定義されている構造的性質は時間の外に存在しており、行為者たちによって事例化されないならば「バーチャルな実在」を保持しているとみなされる。したがって、行為者たちが実践しているときは必然的に規則と資源を利用しており、不可避的に構造的諸性質の全マトリックスを呼び起こしていることになる。

A．ギデンズは構造化の概念は時間性を導入すると主張しているが、構造化理論における時間への参照指示は、T² から T³ の間の区間に事実上限られている。なぜなら、構造とエイジェンシーが互いにあまりにも緊密に前提し合っているために、この二つの間の相互作用について、長期的な時間の広がりにおいて吟味することが不可能だからである。それゆえ、相互構成がもたらすものは、構造とエイジェンシーを「独立に」吟味する唯一の方法として、「方法論的括弧入れ」という人為的な試行によるのである。こうした手続きの不可避的な結果は、時間の実際的な抑圧である。一方では、制度的な分析は、戦略的な行為を括弧に入れてしまい、構造的な

性質を「長期継続的に再生産された社会システムの特徴」として扱う。この再帰性のイメージに対して、長期間継続するかもしれないし、一時的であるかもしれないし、頻繁に変化するかもしれないため、多くの人は必然的な「長期性」を否定するであろう。他方では、社会システムの構成を戦略的な行為として吟味するために、制度的な分析が括弧に入れられ、エイジェンツによる自らの社会的諸関係への規則と資源の動員が研究される。「社会的再生産のあらゆる諸要素のうちに変化またはその潜在的可能性が内在している」(4)という、制度的分析とは反対の可変性が方法論的な方策の産物として現れている。

　このように、方法論的な括弧入れは、長期的な再帰性と全体的な変革という矛盾するイメージの間で振り子のような振動を生み出している。にもかかわらず、二つの面が同時に現実に生起するのだから、社会的現実が二面性をもっていてもなんらの矛盾もないとの強調は、構造とエイジェンシーの間の相互関係を解きほぐすことへの原理的な拒絶をもたらす。

　括弧入れは、二元論を理論的なレベルから方法論的なレベルに置き換えているだけである。括弧に入れられているものは、構造的性質と戦略的な行為という「構造の二重性」の二つの側面であり、相互に方法論的なエポケーに入れられて分断されている。しかも、両者は同じものの二つの側面なのだから、エポケーの同時存在が分析を同じ時期に限定しており、時間において境界を接している。したがって、構造とエイジェンシーの間の時間的な関係が論理的にみて吟味されえない。

　構造とエイジェンシーを「構造化」のもとに再統一する試みは、行為者たちに戦略的に利用され、同時にシステムの構造的特徴をも構成している「解釈図式」、「便益」と「規範」という、三つの「様相」の導入によって成り立っている。再生産の過程である構造化の「様相」という考えは、「両者の相互関係を承認するために、戦略的なあるいは制度的な分析の括弧入れが……はずされるような組み合わせの諸原理を提供するものである」(5)。それゆえ、時間的な関係についての理論化を閉め出す両者の相互関係の承認は、実際には議論の対象になっていない。相互関係をどのように分析す

るか、そこから生成される構造的エラボラレーションをどのように説明するかが、本当の理論的問題なのである。

　「構造の二重性」の基本的考え方は、構造的エラボレーションを説明することに対して不利に作用する。括弧入れ以外の仕方で構造と行為を切り離すことを拒否するからで、同様に構造とエイジェンシーが異なる時間的な間隔で働くことを認識できないことを意味している。時間が理論において現実的な変数だということから、理論化には時間的次元をもたなりればならない。中心的合成論の擁護者たちは、「社会システムは時間の経過におけるそれらの連続的な構造化によってのみ実在する」(6)と主張するけれども、時間経過におけるそれらの構造化について、なんらの理論的な足がかりも提供できない。

　ギデンズにとって問題なのは現在のなかの過去である。W．ジェイムズから引用されている、現在は「過ぎ去りつつある瞬間」の連続であるという、連続的な流れの考えは時代区分を寄せつけない。その結果、反復的な時間と変換的な時間の両者それぞれの「瞬間」の多義性を強調しながらも、M．アーチャーによれば、ギデンズは長期にわたる「危機的局面」の存在を認め、その危機的局面に理論的な重要性を与えるように駆り立てられている。ギデンズに欠けているものは、「瞬間」と「危機的局面」との間の時間の長さである。この時間のなかでこそ、構造的エラボレーションという仕事が成し遂げられるのであり、その理論化が求められている。

2　非合成論的時間

＜構造とエイジェンシーの時間的ずれ＞

　M．マンデルバウムは、時間的な分離可能性のヒントを得ていたが、構造の実在的な創発的な地位を主張するのではなく、構造を個人的で観察可能な用語に翻訳することを擁護することで、構造を経験主義的実在論の内部で基礎づけようと試みて挫折した。

D．ロックウッドは、行為者たちの諸集団の間に保持される秩序的なあるいは抗争的な関係を、社会構造の諸部分の間に広がる秩序的または抗争的な関係から区別すべきだとし、また、「統合のこれら二つの側面は、ただ分析的に分離可能なだけでなく、そこに組み込んだ時間要素のゆえに、事実的にも区別可能なのである」(7) として、時間において両者がそれぞれ独立に変容することで、「社会統合」と「システム統合」を区別することを提案したことから、両者の相互作用について理論化できるようになった。ただ、「構造的なもの」と「社会的なもの」との時間的な区別についての仕事をしたロックウッドにもかかわらず、「諸部分」と「人々」とが時間推移のなかでいかに互いに独立に変化するかを示すことに限定したために、時間的に両者自身が互いに先行したり、後行したりすることになんの役割も与えなかった。構造とエイジェンシーの両者が時間的に共変化的とみなされないのであれば、時間的にずれる両者の変化の歴史的組み合わせは、社会変動についての説明力の新しい源泉となりえた。

　社会的実在を実在論の一形態として扱うことが 1970 年代に発展したが、社会的世界の原理的な二つの階層である、構造とエイジェンシーとの間における時間的な区別の可能性については、低調なままであった。というのは、社会科学の哲学としての実在論の企てにとって、観察不可能な創発的な存在物が実在し、それらの性質が作動可能だと承認することは、経験的な結果ないし出来事と、経験的な発現をしばしば欠いているような実在的で生成的なメカニズムとの間の区別を必要とするからである。

　実在論者の目的が、社会においてなにが生起するのかを説明することだとすれば、構造とエイジェンシーを区別することが必要である。それは、①創発的な（諸）構造を確定するためであり、②それらの諸構造の因果的な力と、人間存在としての因果的な力に起因する介入的な影響力とを区別するためであり、③両者の相互作用が引き起こされるが、そのどんな結果をも十全に説明するためである。それゆえ、実在論者の説明は生成的なメカニズムと干渉的な諸要因（人々）とを区別しなければならず、構造とエイジェンシーの「時間的な区別」も同様に必然的だという結論になる。構

造と出来事は時間において共変化的ではなく、それらの位相が異なる。

　R．バスカーが、社会理論の理論化における問題を、地位と実践の関係として概念化されなければならないと論じたときには、分析的な分離は、地位と実践する者との、役割とその担い手との、システム的なものと社会的なものとの、あるいは構造とエイジェンシーとの間の、時間的な区別を常にともなっていたわけではない。現在時制の観察可能な区別は経験的なレベルに制限されて、地位の占有者にふさわしい人物を先行的に決定する多くの役割構造の力を無視し、またその地位の担い手たちが自分たちの活動を反省的にモニターし直す力を無視することになる。前者は過去時制に、後者は未来時制につながっており、たとえ両者が観察可能だとしても、ともに現在時制では観察不可能なのである。

　構造は創発的な存在物として人々に還元不能なだけでなく、人々に対して先行的に実在する。しかも、人々は社会構造を創造するのではなく、再生産し変革するという意味で、自らの創発的な性質をもっている。なにが生起しているのかについて説明するために、構造と人々の間の相互作用を、分離可能性を活用しつつ調べることになる。構造が、特定の世代コーホートによって、意図されざる創発的な結果として生み出され、今度は、後継世代にとって必然的に先行的に実在するという主張から、構造の活動依存性が損なわれることはまったくない。

　アーチャーの異議申し立ては、社会集団の連続性に支えられた活動の分解不可能な流れという基本的な観念に対してであり、「集団」は構造よりもより大きな永続性をもちうるから、集団に先立つような構造について語るのは無意味だ、との主張に対してである。行為そのものは連続的なものであるが、活動の性質はそうではない。過去の活動は新しい活動の性質を形作ることを不可避的に促すが、その新しい活動の性質は、新しい関係的な制約と能力のゆえに過去の活動と非連続なのである。連続的で分解不可能な活動の流れという意味をもたせることなく、連続的な行為について語ることができる。アーチャーの批判は、「集団」が基本的に同一のままでありつづけるということであり、そうであるなら、中心的合成論の同時性

モデルに逆戻りすることになる。

＜構造とエイジェンシーの相互作用による二重の形態生成論＞

　形態転換の最終帰結においては、構造だけでなく、エイジェンシーもまた同じ過程の一部として形態転換を果たす。エイジェンシーが構造を再形成するとき、エイジェンシーは不可避的に自分自身をも再形成する。エイジェンツと諸個人とは互換的に使用されえないものであるが、個人ならびに集団の両者に対して先行的に実在する構造を引き合いに出すことや、形態転換する構造に先行する規定的エイジェンツを引き合いに出すことも正当化される。

　構造とエイジェンシーに関して、時間的な分離可能性を主張するが、社会が予想不可能な仕方で発展するのは、先行する構造によって及ぼされる条件づけ的影響と、現在のエイジェンツの自律的で因果的な力とが一緒になって、構造的エラボレーションが共－決定されるからであり、構造とエイジェンシーの各々に属する創発的で還元不能で自律的な因果的力の予測不可能な相互作用のゆえである。

　アーチャーが「形態生成」の名称を採用するのは、ラディカルで予想不可能な再形成の可能性と、この再形成の生成が構造とエイジェンシーとの相互作用にもとづいているという事実との両方をとらえるためである。構造とエイジェンシーが分析的に分離可能であり、時間的に継起的であることが承認され、この二つの特徴が、暗黙のうちに実在論に含まれている。それゆえ、形態生成／安定論は、その存在論において実在論的であり、しかも「分析的二元論」であることを明確化して、実践的な社会分析におけるその方法論的有用性を論証することによって、実在論を補強するような社会理論への一つのアプローチとみなすことができる。構造とエイジェンシーそのものが、「分析的二元論」を通じて創発し、互いにからまりあい、再定義し合うような時間の広がりに重要性を付与するために、構造とエイジェンシーが異なる時間的な周期にわたって作用するという形態生成論である。

「分析的二元論」の二つの前提としては、第一に、階層化されたものとしての社会的世界という存在論的な見方に依拠して、構造とエイジェンツの創発的性質は相互に還元不可能であり、分析的に分離可能であり、第二に、所与の諸構造とエイジェンツが時間的に区別可能であり、両者の間の相互作用を検証するために方法論的にも使用できるし、時間の経過における両者の変化をも説明できるため、方法論的には創発の歴史性にもとづいている。「分析的二元論」は時間的な分離可能性の必然的な結合、つまり、分析的分離可能性と、同時性ではない時間的な区別という二つの要素の結合を意味している。

構造

　あらゆる構造が、行為のコンテクストを条件づけることで、時間的な抵抗を示すということである。いかなる構造的な性質も変化させるには時間がかかるのであり、その期間は、少なくともいくつかの集団にとって制約の一つを表している。所要時間という制約が特定の目標の実現を妨げる。

　知るべき本質的に重要なことは、構造の影響力が持続するのは、それを変化させようとする集団的な圧力に、時間的にまた一時的に構造が抵抗するがゆえなのか、構造が権力をもつ者たちの既得利害を表現するので維持されるのか、心理的に支持されているからなのか、という区別をすることなしには、いつあるいははたして、その性質が形態転換されるのかという問題は、理解不能なままに残される。あらゆる制度的な規則性は諸個人の行為の繰り返しによる「深い沈殿作用」の結果である、とみなすギデンズの主張は心理的支持のカテゴリーに吸収されている。

相互行為

　どんな活動も先行する創発的な構造というコンテクストのなかで生起し、決定する活動は特定の構造変化に先行しているということである。あるコンテクストのなかで行われる T^2 で始まった活動は、たとえば、構造的資産状況の配分状況を分析しないでは、いつその「長期的持続」が破ら

れるのか、主として誰がその変化に責任をもつのか、それはいかにして達成されるのか（政策か抗争かなど）について、理由を説明できない。

T^2 と T^3 の間で、エイジェンシーは、一方では時間的な、他方では直接的な、二つの独立した影響力を発揮する。それは、以前の構造的影響力の除去を早めたり、遅らせたり、妨げたりできる。形態生成論では主意主義は重要な位置を占めているが、常に過去からの構造的で文化的な制約によって、また可能なものについての現在の政治によって拘束されている。

構造的エラボレーション

T^4 において生み出される形態転換は、以前の構造的な性質の除去と、新しい性質による置き換えだけではなく、新しい社会的な可能性のエラボレーションである。形態生成論的分析は、新しい促進要因の働くタイミングを説明し、その発端を明らかにできる。

構造的エラボレーションは、同時に、新しい形態生成的なサイクルを再びスタートさせる。相互行為に対して、一連の新しい条件づけ的な影響力を導き入れるから、T^4 は新しい T^1 である。

社会科学における法則は時間とともに変動するため、本来的に歴史的である。この見方についてのギデンズの裏づけは、行為者たちの反省的な知識と行動にもとづいているのに対し、アーチャーは社会構造そのものにおける変化にもとづいている。これによって主題が変化してしまっているので、認識論的な理由ではなく、構造の変化がこれまでとは別の仕方で法則について理論化するように我々に要請するのである。

3　小括

形態生成論的分析は、時間を社会理論の中心的な位置にすえる。①構造的条件づけ、②社会的相互行為、③構造的エラボレーション、とによって構成されるサイクルの三つの部分を通じて、時間は出来事が現れ出る媒体

としてよりも、むしろ連続的な広がりや局面として取り入れられている。なぜなら、漸進的な構造化のような出来事の生起のためにこそ、構造とエイジェンシーの間の相互作用についての理論化が必要とされているからである。

　形態生成論的見方で決定的に重要な点は、構造と行為とはそれぞれ異なる時間的周期で働くと主張し、単純な二つの命題に基づいている。すなわち、構造は必然的に、それを形態転換する（諸）行為に先行するという命題と、構造的なエラボレーションは必然的にそれらの諸行為に後行するという命題である。

　システム的な性質は過去の行為の創発的なあるいは集合的な結果とみなされ、その後の相互行為に対して影響力をふるい、後の行為者「世代」が「継承した」構造のなかで占めている地位によって、異なる既得利害をさまざまなエイジェンツに付与する。構造的条件づけにおける、構造的諸性質とその効果について語るときには、創発性とその因果的な力についての実在論的な見方を承認している。

　行為者に構造的影響力を伝える媒介的なメカニズムは、それ以前に形作られたコンテクストによって、彼らが占めている社会的地位に応じた相異なる利害集団や、それ自身の創発的な力を保持しているエイジェンツに対して成り立っており、さらに妨害または利益の経験が、互いに異なる状況理解と別様の行為のパターンを条件づける。その後に続く相互行為のパターンにおいて検出できる規則性は、客観的な機会費用（opportunity　costs）の反映なのである。

　構造的エラボレーションは、大部分は意図されなかった帰結である。集団的コンフリクトと譲歩から生じる結果として生じるエラボレーションの大部分の要素は、しはしば誰も求めず望みもしなかったものになる。このことが、形態生成論的アプローチを、目標志向にもとづくサイバネティックス・モデルから分けるものである。形態生成論には、ポジティブ・フィードバックとネガティブ・フィードバックのループがあるが、両者はそれぞれ構造的エラボレーションと再生産とを生み出す。中心的な制御機能な

しに自由に動くとの考え方は、形態生成論を、開放システムにおける変化の予測不能性についての実在論の主張と結びつける。どんなサイクルの吟味にしても、最終点でありかつ全体的な目標は、研究の対象になっている問題的な性質の創発についての分析的な歴史であり、エラボレートされた構造の次のサイクルを扱うために採用する概念や理論は、主題の変化を説明するために変わらなければならない。

　形態生成のサイクルは、三つの大きな分析的な局面に分けられる。①さまざまな部分間の関係の複合的な組み合わせである所与の構造は、条件づけるが決定はしない。②エイジェンツの活動は構造的変化にとって必要条件ではあっても十分条件ではなく、部分的には現在のエイジェンツから生じる社会組織によっては条件づけられていない行為のさまざまな志向からも起こってくる社会的相互行為が、③構造的エラボレーションまたは修正を導く。さまざまな部分間の関係の変化であり、①の状態から③の状態への移行は直接的ではない。

　形態生成論アプローチの特徴は、構造とエイジェンシーが互いに形作られるような時間次元の承認である。いかなる形態生成論的説明であれ、それが扱う現実的な時間の期間は、合成理論のあらゆるバージョンよりも長い。合成論的分析は「現在時制」の社会学に事実上自己限定しており、三つのすべてのバージョンにおいて、構造とエイジェンシーという二つの要素の間の時間推移における相互作用の吟味が閉め出されている。

（ 1 ）　J.W.N.Watkins, 'Methodological individualism and social tendencies', in May Brodbeck(ed.), *Readings in the Philosophy of the Social Sciences*, Macmillan, New York, 1971, p.271.

（ 2 ）　Ernest Gellner, Holism versus individualism, in May Brodbeck(ed.), *Readings in the Philosophy of the Social Sciences*, Macmillan, New York, 1968, p.260.

（ 3 ）　Anthony Giddens, *Central Problems in Social Theory*, Macmillan, London,1979, p.69.（友枝敏雄他訳『社会理論の最前線』ハーベスト社，1989 年，75 頁）

（ 4 ）　Anthony Giddens, *Central Problems in Social Theory*, Macmillan, London,1979, p.114.（友枝敏雄他訳『社会理論の最前線』ハーベスト社，1989 年，123 頁）

（ 5 ）　Anthony Giddens, *Central Problems in Social Theory*, Macmillan, London,1979,

p.81.（友枝敏雄他訳『社会理論の最前線』ハーベスト社，1989 年，87 頁）
(　6)　Anthony Giddens, *Central Problems in Social Theory*, Macmillan, London,1979,
　　　p.217.（友枝敏雄他訳『社会理論の最前線』ハーベスト社，1989 年，224 頁）
(　7)　David Lockwood, 'Social integration and system integration', in G.K.Zollschan and
　　　W.Hirsch（eds.），*Explorations in Social Change*, Houghton Mifflin, Boston, 1964,
　　　p.250.

第5章　構造と文化の条件づけ

1　媒介としての人間エイジェンシー

　創発的諸性質（ＳＥＰｓとＣＥＰｓ）は、実効的に働かないでも実在できる。ただ、社会－文化的な力の実効的働き、つまりすべての構造的影響力（ＳＥＰｓとＣＥＰｓの創造的力）は、人々による構造的・文化的諸傾向の受容と現実化という、人々が自ら入り込む諸状況を形作ることに依存している。構造と文化の諸傾向の効果は直接的なものではなく、人々に媒介されたものであり、構造的・文化的諸傾向の存在とエイジェンツの存在の力の違いは、相対的な影響力の違いではなく、作用の様相（mode）の違いである。

　この媒介は、どのように概念化されるのだろうか。決定論と主意主義の両者は、理論化の内部に付随現象主義を導入することによって、「人々」または「諸部分」の独立的な力を否定してしまう。他方で、中心的合成論は、いつ決定論が、また主意主義が作動するのかについて知る能力を我々から奪ってしまう。社会形態を行為のための必須の媒体として扱うにもかかわらず、その社会形態はただ「事例化」という行為を通じて効果的になるにすぎない。事例化は、構造的諸性質のすべての母型（matrix）を呼び出すように促し、それらの相互的影響力を理由に、諸部分と人々を区別することを排除してしまう。

　周囲の諸状況には新しい世代が出会うけれども、現在のエイジェンツが何をつくりだすのかという、構造的ならびに文化的なエラボレーションに、またエイジェント的なエラボレーションの過程で、どのようにして自分自身を構成するのかに影響を与える。どんな所与の時点でも、構造は、人間

の相互行為の結果 ［T^4］の、結果 ［T^4＝T^1］を含んだ人間の相互行為 ［T^2 － T^3］の結果 ［T^4］なのである。

　構造は、過去時制において活動依存的ではあるが、現在時制においては現在の実践には還元できないものであり、この「存在論的な裂け目（ontological　hiatus）」は、構造の先行実在性を現在の行為の環境を構成するもの、つまり歴史的に状況づけられて生起するものとして、我々が理解することを可能にするのである。行為のパターンを条件づけ、エイジェンツに戦略的方向づけの案内を提供するような、ある客観的な影響力として、特徴づけられる。

　エイジェンツが実践に関与できる前に物質的構造が実在しており、創発的な構造はエイジェンツが立ち向かうことができる状況や舞台に対する客観的な限界づけを表現する。同じく、文化システムにおける登録簿になにが「記録されている」かが教義や理論や信念などを限定し、文化内容のなにが観念的環境として影響を与えるのかにも制限を加える。

　過去の行為によって構造化されて実在し、我々の対象についての知識からは独立に作用する、社会的実在としての客観的な結果は、我々を非主意主義的に条件づけるため、その制約と可能性は、我々の記述や概念化（状況の定義）の能力と同じものではない。

物象化と社会的因果性の水力学的理解の禁止

　物象化と社会的因果性の水力学的理解は、媒介を概念化する際に課された一対の禁止事項となる。

　第一に、「無規定的な素材」のように扱わないで、人々の力を尊重することによってのみ、「諸部分」の力は、非物象化的な仕方で条件づけ的影響力をふるうことができる。人々に固有で最も重要かつ顕著な力の一つは、プロジェクト（生物学的必要の充足からユートピア的社会の再構築までの目標）を思い描き、それを成し遂げるための戦略をデザインする能力としての意図性である。

　諸部分が人々に条件づけ的影響力を及ぼすのは、人々の「プロジェクト」

と「諸部分」の生成的力との協和または不協和という関係によってである。この関係が人々にとっての環境をつくりだす。人々が自分自身を見出す状況の特徴としての構造的性質（ＳＥＰｓとＣＥＰｓ）は、「プロジェクト」を促進または妨害できるだけなのである。状況的力は超事実的ではあるが、意存的に（transitively）働き、プロジェクトなしでは実効性をもたないままなのである。条件づけ的影響力を「可能化」とか「制約」と呼ぶことは、特殊な地位におかれている特殊なエイジェンツがいだく特殊なプロジェクトと、この状況的力との特殊な関係にほかならない。つまり、なんらかの創発的な社会的性質が可能化されるとか制約されると考える二つの用語は、「諸部分」とプロジェクトとの二つの力の間の適合性または不適合性の関係を指している。

　同じ環境的な性質（所与の配分とか公式言語）であっても、あるエイジェンツは可能化するものとみ、他のものは制約するものとみるような状況を生み出すことができる。「諸部分」と「人々」の生成的力は両者ともに、発展にとって必要条件である。両者が一緒になってのみ、プロジェクトの完成にとっての十分条件を提供する。構造的なそして文化的な条件づけについての非物象化的な考え方は、発展の過程を媒介するために活動的なエイジェントを要請している。

　第二に、構造とエイジェンシーとの相互作用をとらえようとする非合成論的理論化にあっては、エイジェンシーに対する構造の影響力は、反省能力や自己モニタリング能力が不在の、社会的水力学のような決定論的な用語では概念化できない。なんらかの基礎的な生活プロジェクトを共有する傾向がある人間エイジェンツは、思い描くプロジェクトへの関連づけなしですますことはできない。社会的な水力学が作動しているかにみえるところでは、特定の隠れた前提（あまりに普遍的で人間的なプロジェクト）を、構想の余地がないものとして黙認しているだけであり、もし水力学にみえるのが真理だとすれば、プロジェクトがエイジェンツに正しく割り当てられているので、その前提が隠されているのである。

　諸構造（ＳＥＰｓとＣＥＰｓ）は、エイジェンツによって思い描かれた

プロジェクトとの関係において、またそれを通じてその効果を発揮する。つまり、構造的条件づけが常に人々の「プロジェクト」を通じて働くとしても、諸構造（ＳＥＰＳとＣＥＰＳ）の最も重要な条件づけ的影響力は、所与の社会的環境の内部において構想され、思い描かれ、支持されるプロジェクトに対するその効果なのである。

　我々がそこへと生み落とされる構造ならびに継承する文化は、我々が非主意主義的に状況づけられた存在であるということであり、諸構造は、自らの状況について反省する我々の力が発展するよりも、あるいは、それをモニターする力が発展するよりも前にある。「遅れた開拓者」としての我々人間の本性のおかげで、非主意主義的に根づいている周囲の状況は、我々が、可能なもの、獲得できるもの、望ましいものとしてプロジェクトするものを条件づける。

　中心的合成主義者の「事例化」という考え方は、主意主義的な副次的意味をもっている。構造化理論に従えば、人々は行為するために、構造的な媒体に頼るようにし向けられている。なぜなら、形態転換の可能性はすべての媒体に内属しているからであるが、構造的な媒体は、ある方向で行為するように条件づけるわけではない。

＜構造的影響力＝条件づけの意味＞
　形態生成論の課題は、「諸部分」の力が「人々」のプロジェクトをどのように、非主意主義的だが非決定論的に、それにもかかわらず方向をそなえたかたちで、条件づけるのかについての説明を提供することにある。

　あらゆる構造的影響力（ＳＥＰＳとＣＥＰＳの生成的諸力）は、人々が自らをそこに見出す状況を形成することを通じて作用する。この媒介的な状況を通して、相異なる位置を占めている人々に相異なる理由を与えることによって、人々の行為に相異なるコースを、決定するのではなく条件づけるからである。

　物質的ならびに観念的な構造に内属する傾向的力がエイジェンツへと媒介される仕方を概念化するやり方において、構造的力が実現させられる際

には、エイジェンツは必然的媒介者を代表しているが、この媒介過程にはさまざまな側面がある。

非主意主義的配置

　先行実在性を所与として、構造的ならびに文化的な創発物は、人々の社会的環境を形成している。過去の行為の結果は現在の状況の形態のなかに配置されており、なにがそこで物質的ならびに文化的に配分されるのかを説明する。配分のかたち、役割配列の性格、地位の比率やそれらと関連した有利と不利、現時点の制度的編成体を、そしてその協和または不協和という二次的な創発的性質をも説明する。この二次的な性質は、諸制度の働きが相互に他者に対して妨害的なのか助成的なのかという問題である。状況は、このようにして客観的に規定される。創発的性質が人々に対して衝突するということは、社会的行為は必然的にコンテクスト化されており、あらゆるコンテクストは社会形態を体現している。

　我々は、物質的な資源の先行的配分によって限界づけられたライフ・チャンスのなかに生まれ落ちる。先行的配分が時点 T^1 における我々の状況であり、その先行的配分が T^3 までに変化しうるが、この変化は我々の状況に変化をもたらす。この変化は、コストをともないながらも状況に対抗するのか回避するのかという問題である。エイジェンツにとって、制度のなかで特殊な役割を引き受けることは、主意主義的にみえるかもしれないが、構造とその状況的条件づけに非主意主義的に巻き込まれることから、エイジェンツを自由にするわけではない。

　所与の地位と役割の内部において、他の構造的な影響力がその地位や役割に加えられて、直面している状況が非主意主義的に変化するならば、エイジェンツに新しい諸問題または有利な境遇を提供する状況の変化は、彼ら自身がつくりだしたものではない。これらは、第二次的な創発的諸性質からきている。この第二次的な創発的性質の力は、それぞれの制度的な働きとの結びつきや組織的プロジェクトとの同一化を通じて、住民の相異なる諸部分が直面せざるをえないような、あるいは戦略的に対処せざるをえ

ないような、状況の再形成を通じて作用する力なのである。

　状況に対して諸構造（ＳＥＰＳとＣＥＰＳ）が非主意主義的にもたらすこの遭遇効果は、完全に客観的なものである。構造化された実在的諸効果は、主観的な構築という解釈では単純に解決できない。

既得諸利害

　非主意主義的な配置の効果は、社会の相異なる部門に異なる既得諸利害（vested interests）を、エイジェンツが自分自身を見出す諸状況の一部として、システム的で持続的な特徴として付与する。主観的な解釈にはゆだねられない、利益または妨害としての影響力は、社会的に構造化されたあらゆる地位のうちに植え込まれた既得諸利害として、客観的な性質の媒介メカニズムである。つまり、構造の主要な先行的諸効果（ＳＥＰＳとＣＥＰＳ）は、既得諸利害をそなえた人口部分へと住民を分割し、その効果は客観的なものである。エイジェンツの既得諸利害とは諸状況の客観的な特徴であり、行為の相異なる方向を、相異なるライフ・コースを前もって配置する。こうして、我々はすべて、社会の成員として既得諸利害をもっている。非主意主義の重要性は、我々が既得諸利害と取引することを免れることができないということなのである。

　既得諸利害とは、構造的ないし文化的な性質が、行為に条件づけ的な影響力を及ぼす手段のことであり、既得されたものとしてある利害を特徴づけることは、利害をある特殊な地位に関係づけることである。その含意は、もし地位が変われば利害も変わるということで、既得諸利害の故郷は、社会的希少性のなかにある。時間経過のなかで、自然の配分が不平等な社会的配分に転換されはじめ、既得諸利害は相対的な有利さに関係している。

　非主意主義的に新しい世代は、さまざまな配分の多様性のなかのある地位を引き受け、その既得諸利害とともに、有利を再生産し不利を変換させようとする動機が生じる。このことをＤ　Ｖ．ポルポラは、「社会的地位に配置された……因果的力のなかに、諸利害がある。諸利害は、システムにおける他の地位に対しておかれている諸関係のために、ある社会的な地位

のなかに埋め込まれている。……行為者たちは、彼らの社会的地位の関数である彼らの諸利害のなかで行為するように動機づけられている。……そうしなければ、苦痛をこうむることになるだろう」(1)と指摘している。その動機づけについての決定的なことは、既得諸利害によって構成された諸動機の、他の社会的地位との関係的な性質なのである。

　既得利害が社会的な強制力でもないとすれば、その影響力は、有効性のゆえに、それを共有する大部分の人々によって、最良ではないとしても、それが良いとみなされているということに依存している。既得利害の促進と防衛とに関係している機会諸費用（opportunity costs）の形態をとった誘因的な要因があるからであり、そのときにのみ成り立つ。

機会諸費用の二つの影響力
　実在的な構造的影響力が意味しているのは、状況への妨害的なまたは報酬的な相異なる反応に、客観的な機会諸費用が結びついているということであり、その機会諸費用が、状況になされる解釈を、決定するのではなく条件づけているということである。客観的な機会諸費用は、同じく客観的なエイジェンツの既得諸利害に対しても、その影響力を及ぼす。純粋に条件づけ的な影響力として、社会的配分における地位は希少性に関連している。

　機会諸費用がその影響力を及ぼす道は二つある。第一に、同じ所与のプロジェクトの目的達成において、第二に、どのようなプロジェクトが思い描かれうるかにおいてである。

　前者では、相異なる状況におかれた人々にとって、行為の同じコースに対して異なる費用が割り当てられる。それは、人々が見出す構造化された状況の産物なのである。所与の地位と目的達成との内的関係により、所与の地位が他者に対する制約化や可能化への影響力を及ぼすことは、構造の状況的な表現だということである。つまり、構造化された状況は、妨害的だったり報奨的だったりするだけではなく、他の地位に対する架橋や障害物としても働く。

構造的条件づけの核心は、形態転換は普遍的な潜在力などではないし、あらゆる時点のすべての状況で等しく配分されている可能性でもないということである。したがって、機会諸費用とは、異なる地位から同じプロジェクトを考察するときに、異なる集団は異なる自由の程度をもち、異なる厳格さの制約に直面するということである。再生産は単なるルーティン化ではないのだが、Ａ．ギデンズが、構造的特権の永続化の説明方式であるルーティン化について、それでも革新の可能化をも活発に作用させることを要求するため、人を惑わすようなものである。

　後者では、相異なる機会諸費用は、異なって状況づけられている諸グループに対して同じ行為のコースをとることへの難易度に影響を与えるだけでなく、どんなプロジェクトが思い描かれるのかをも条件づける。つまり、先行的なライフ・チャンスの設定、それと関連したさまざまな既得諸利害、相異なるプロジェクトに前もって配置されている機会諸費用、これらの相互の結びつきが、多様に状況づけられた人々に異なる社会的傾向性を説明するのである。

　諸状況は、相異なる社会的諸集団に対して、相異なる機会諸費用を割り当てるやり方で形作られていた。所与の地位における既得諸利害と費用とを、客観的でありながらも、条件づけ的で非決定論的な影響力として考察しても、物象化がもたらされることはない。その効力は、エイジェンツがどのように比較考量し、どのように行為しようと決心するのか、に依存しているからである。

解釈的自由の程度
　構造的条件づけの記述については、行為の効果的原因であるエイジェンツによる反省的な評価に服している媒介の過程を示さなければならない。つまり、条件づけを強制ではなく理由（比較考量のみならず自由裁量的判断）としてとらえることで、媒介の過程を正確に示すには、エイジェント的反省と自己モニタリングの自律的力を損なうことなく、構造が行為を条件づけるのかについて語る必要がある。

解釈と行為の両方を条件づける、費用と利得の客観的配分の条件的影響力は、状況の解釈についての代価と報奨を設定することによって、つまりエイジェンツだけが比較考量し、通約不可能なものの重さに価値をわりあて、になうことのできる犠牲とのつり合いを決定すること（行為の選好的なコースについての解釈的自由）によって、ある対応を好ましいものとして人に強制する物質的な理由として働く。だが、物質的な条件づけだけが行為の動機となっているわけではないし、だからといって解釈的自由の程度は限界づけられておらず、状況的な対応も個人主義的で非決定的なものである、ということも意味してはいない。

　さて、道具的合理性が物質的諸利害の追求を統御するとか、あるいは、ある種の信念による非合理的な飛躍が諸価値の促進を引き起こすとかの仮説は、物質的利害と観念的利害の異なったやり方でつくられているが、物質的および観念的な諸利害が別々の仕方（相互に無関係）で是認されるのではない。

　まず、物質的なものと観念的なものの関係のうちにあるため、その関係的な選択的親和性は諸価値にかかっているけれども、物質的な利害を無視するわけでもなく、「経済倫理」の観念を含むような利害の自由考量的な判断を供給する。たとえば、利他主義的行為は純粋に個人主義的な行為ではなく、とりわけ最も犠牲的な諸活動は、文化的な信念システムに植え込まれており、この文化的なコンテクストは、教義的な正当化と、同じ規範の優先性を承認する他者たちによる支援のためのエクレシア（ecclesia ＝教会または信念にもとづく科学的、政治的な団体）の両方を供給している。

　次に、利他主義のプロジェクトにおける自己犠牲への評価については、代価に値するかについての秤量を含んでいる。物質的な諸利害を促進しようとする人々が、客観的な費用を間違って計算することがありうるし、同じことが、観念的な諸利害の追求においてもあてはまる。利他主義には物質的な意味だけでなく費用がかかる。

　さらに、物質的な諸理由は構造的なコンテクストに由来しており、行為のコースについての特定の判断を客観的に励ましたり妨げたりする。同じ

ように、規範的な理由は文化的なコンテクストから流出してくるのであり、状況の評価に対して同じ効果をもっている。構造と文化は相対的に自律的であるのだから、二つのものの間の不連続性は、重要な意味をもつ。

　いずれにしても、創発的な構造的ならびに文化的な諸性質については、同じ条件づけのメカニズムを共有しているが、この条件づけのメカニズムは、構造と文化の両者が、人々の状況的な解釈を通じて、どのようにして連絡し合っているのか、どのように人々の反省的な力とからまりあっているのか、ということを媒介する。

＜方向づけ的ガイダンス＞
　構造的条件づけの媒介過程の構成について考慮すれば、以前の社会－文化的コンテクストにおいて確立されている既得利害の促進または防御が状況的に条件づけられても、行為のどのようなコースが促進的なあるいは防御的な能力を提示するのかについては、なにも語らない。なぜなら、行為のコースのガイダンスが無制限にみえるので、熟慮からの多様な帰結以外では、成功や失敗についての潜在的な結果やその可能性については、何も言うことができないからである。また、そもそも条件づけの影響力は複数の創発的性質によって多重的で、状況形成の全体的過程はそれらの影響力の合流と連結しているため、社会的コンテクストのどのような側面に応答するのか、というエイジェント的な諸性質の問題もある。

「諸部分」の「人々」への因果的メカニズム
　エイジェンシーの媒介メカニズムの初めは第一次的創発物の作用的効果であり、構造的または文化的な諸関係によって構成されている。これらの諸関係は、エイジェンツが状況の内部の制度に巻き込まれて、状況の内部の役割をになっているため、向かい合わなければならない諸状況に報奨的な経験または妨害的な経験が割り当てられる協和または不協和という性質をもっている。

　第二次的レベルで不協和が内包されているところでは、緊張がエイジェ

図5−1−1 「諸部分」の「人々」への因果的メカニズムのイメージ

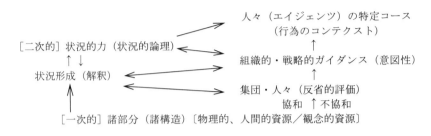

ンツによって実践的な急迫性として経験される場合、エイジェンツの利害は、支障をもたらす制度とその制度に結びついた役割のなかで既得のものとなっている。そのような状況は、エイジェンツの日常に衝突し、既得の制度的利害の達成や満足を妨げるような急迫性をともなった障害（実践的な諸問題）によって形作られている。反対に、相補性が行き渡っているところでは、エイジェンツの目標と役割に従った諸課題は問題なく達成され、報奨的な経験として行為のコンテクストに連動されることになる。実践的状況の形成という再度の条件づけが、実在的ではあるが観察不可能なシステム的な性質（相補性または不協和）と、その性質の日常経験に対する影響力との間をつなぐ橋となっている。

　こうして、「諸部分」が「人々」に因果的に影響を与えるメカニズムについては、エイジェンツの既得利害との関係における報奨的または妨害的な諸状況という初期的な観念より、むしろエイジェンツの利害を促進する行為の特殊なコースへと向けさせる状況的論理が、さまざまなＳＥＰＳとＣＥＰＳの内部の、そしてそれらの間の諸関係によって、どのようにして創造されるのかを示すことになる。

　構造的条件づけは、相異なった客観的機会費用を受け取るように人々を差別化していくが、それだけがすべてであるならば、構造とエイジェンシーの媒介メカニズムは、諸状況を形成し潜在的圧力が働く場所を可能にするであろうが、それは「どこで」という問いへの答えには役立っても、戦

略的行為の最適な形態について、エイジェンツがなにをなすべきか、という問題全体が残されている。それゆえ、諸状況の形成は戦略的ガイダンスを含んでいる。戦略的ガイダンスは、行為の特定のコースに対して、既得利害に対する肯定的または否定的な影響力から、報奨および罰の形態をとるかたちで作用する。

第一次的な条件づけと第二次的な創発的諸性質との関係

第一次的な創発的諸性質（過去の相互行為の諸結果）に限定しないで、第二次的なＳＥＰｓとＣＥＰｓ（過去の諸行為の諸結果の、その諸結果間の諸関係）の役割を導入したならば、マクロな制度的レベルで、第二次的創発的諸性質が影響を与えるから、どのように構造がエイジェンシーを条件づけるのかについての理解を増大させることができる。もし、それらが戦略的な方向づけ的ガイダンスにおいてある役割を果たすならば、その効果は大部分の成員の行為を条件づけることになるだろうが、住民の多様な既得利害に影響を与えることによって、住民の重要部分を分極化することになるかもしれないため、必然的に同じ方向とはならないだろう。

議論されているのは、システム的な規模で潜在的に存在する影響力（第二次的な影響力）であり、その潜在力が現実化するかは、より下位の諸レベル（第一次的な影響力）における条件づけと適合しているか、あるいは適合していないのかに依存している。前者は現実化をもたらし、後者はシステム的な諸力が作動しないまま存続している。このように、特定の状況の創発的諸性質が、状況の構成諸要素の間の緊張によって、あるいは首尾一貫性によって特徴づけられているかに従い、状況はエイジェンツにとって非常に異なってくる。異なる制度的なＳＥＰｓの間の関係を特徴づけるものが、住民のシステム的なコンテクストに対して大きな違いを生み出す。

第二次的な創発物相互の関係は、形態生成と形態安定とにとって特別の重要性をもっている。相補性の出現は、システム的な再生産の潜在的な場所を確定することに役立ち、不協和の発生はシステム的な形態転換の潜在的な場所を特定することに役立つ。

第二次的諸関係における四つの創発的諸性質

　第二次的レベルにおいて関心をもっているのは、創発的なＳＥＰｓとＣＥＰｓの配列の間の相異なる諸関係が、住民の大多数の間における戦略的行為の相異なるコースを実際にどのように動機づけるのかということであり、その基礎的な命題は、二つの部分からつくられている。

　一方では、任意の時間 T^1 において実在する第二次的諸関係であり、四つの異なる種類をもつ。必然的か偶然的か、相互の作用を助けるか妨げるかである。この２×２の表は、制度的諸関係に関連する四つの第二次的な可能性、つまり必然的相補性（necessary complementarities）、必然的不協和（necessary incompatibilities）、偶然的相補性（contingent complementarities）、偶然的不協和（contingent incompatibilities）をつくりだす。四つの概念は、制度的なものを分析する一般的なやり方であり、また、相異なる社会的な諸構成体あるいは諸編成体（social formations or configurations）をつくりあげているものである。

　他方では、関係の四つのタイプが、結びつけられている諸制度に応じて、人々を異なった状況におくだけでなく、異なる状況的「論理」に巻き込む。

　①　どのタイプが生じるかによって、人々が損失をこうむるか利得を得るかに多様に分かれるから、再生産または形態転換に向かう二つの傾向が、状況の四つのタイプのなかに、異なって配分される。

　②　すべての状況的論理は、他の諸グループとの相互行為の、防衛的（defencive）、譲歩的（concessionary）、競争的（conpetitive）、または日和見的（opportunist）な様相によって諸利害を追求するように、住民の相異なる諸部分に対して傾向的に促すことによって、彼らを戦略的行為の相異なる諸形態へと動機づける。

　③　状況的論理のある形態が、戦略的に遂行されるかぎりで、形態生成または形態安定の生成メカニズムを表示する。この生成メカニズムが、構造とエイジェンシーとの媒介を完成するという点では最終的な条件づけ的な結合を構成している。

　④　戦略的な行為の成功または失敗それ自身は、相互行為する社会的諸

図5-1-2　戦略的行為の構造的条件づけ:方向づけ的ガイダンスの過程

第二次的な創発的諸性質	状況的論理
必然的相補性	防護（防衛）
必然的不協和	妥協（譲歩）
偶然的不協和	排除（競争）
偶然的協和	日和見主義

集団の相対的な力によって条件づけられてもいる。この力それ自体は、第一次的（社会的配分による地位の既得諸利害および機会諸費用）ならびに第二次的な創発物の間の諸関係によって深刻な影響を受け、諸集団の取引力（bargaining power）や諸集団同士の相互の交渉力（negotiativing strength）を決定する。

　第二次的な創発的諸性質の四つのタイプは、ＳＥＰＳ相互の間でもＣＥＰＳの内部においても獲得されるため、構造的ならびに文化的な諸構成物（formations）は、相互に並行する状況的論理の諸形態を生む。構造的ならびに文化的な諸構成物を別々に提示する理由には、第一に、物質的なものと観念的なものとの間の形式的な類似性には実質的な相違があり、説明され論証されなければならないからで、第二に、構造と文化の相対的自律性をもとに、それらが同調的かそうでないのかということは、第三次的な創発的諸性質として考えることができるからである。

第三次的な創発的諸性質の相互関係

　最も高いレベルにおける構造的ならびに文化的な創発的諸性質の間も、それ自身が関係的性質で、相互の調和か不調和をともなう局面にあり、社会－文化的諸構造の歴史的エラボレーションから結果する状況の適合または不適合に関係している。

　調和の場合、システム的コンテクストを強化するように作用する。Ｄ.ロックウッドが「高次システム」統合と名づけたシステム的な適合性は、円滑なコンテクスト的外観をもってエイジェンツに相対する。

不調和の場合、創発的諸性質の多様性が、多様な構造的条件づけとガイダンスを、またそれに対抗する多様な文化的条件づけとガイダンスとを呼び起こし、不適合性は、社会構造を貫いて走るシステム的な断層線を表現することになり、その裂け目の存在は、封じ込めるのか、それとも異なる諸部門の間で現実化させるのかという戦略を条件づける。

　ＳＥＰｓとＣＥＰｓとの関係が適合性の関係か不適合性の関係かは、社会的相互行為の諸結果の［過去の相互行為の諸結果（第一次的な創発的諸性質)］、その諸結果［構造的諸構成体ないし文化的諸構成体の諸相互関係（第二次的な創発的諸性質)］の諸結果［社会諸システムと文化諸システムの諸相互関係（第三次的な創発的諸性質)］である。それらの関係は、社会的相互行為に対しての最終的な条件づけ的な影響力を構成しており、その後に続く軌跡には全体社会的と部分社会的とがあるが、形態生成的か、形態安定的かを条件づける最終的な原因となっている。

2　制度的編成体と状況的論理

＜四つの制度的編成体とそれらの状況的論理＞

　任意時点での所与の社会で、四つのうちのどれか、ある特定の編成体（configuration）を見出すことを期待するア・プリオリな根拠はなにもないのであり、したがって、すべての制度的構造が、なにかある特定のシステム的な構成体（formation ＝形態）と同じ仕方で関係し合っているのを見出すなんらのア・プリオリな根拠もない。

　相異なる部分的な社会システムの制度的編成体 (institutional configuration)は、それぞれ、四つの可能性のうちの一つに合致しているとみることで、システムにおいて見出される唯一可能な状態が、機能的な統合と「中核的矛盾」の両者のどちらかを強調できるようになる。

　どれほど多くの諸制度が相互にからまりあっているかが、構造的なエラボレーションの複雑性を増すことになるから、全体的な社会構成体（social formation）はほとんど同質的なものではありえない。

必然的相補性：現状の防護的再生産

　システム的な諸構造の間に相補的な性質の必然的で内的な結びつきがある場合には、諸制度は相互に補強し合い、相互に発動し合い、互いに手段となって作動するため、機能的に統合されたシステムにあてはまる。

　必然的な相補性（necessary complementarities）は、防護の状況的論理（situational logic of protection）を生成し一般化するため、社会の停滞性に帰すべき諸関係があるばかりのような、形態安定に貢献するものであり、利得の相互性が制度的な協和関係を防護し強化するのに役立つのである。つまり、権利を守ることへの集団的な利害関心が、防護的実践を生み出し、その集合体は、違反に対して寛容であれば、それによって失うべきなにものかをもっているということである。

　防護の状況的論理はあらゆるレベルで働いており、役割の強化と、相異なる地位にある人々の間の相互に儀礼的に規制された社会的接触とを奨励することになる。内的で必然的な諸関係が、操作と役割と地位とを結び合わせる網の目を規定しているため、一般化された防護の状況的論理が、適合的で相互依存的な諸制度という基盤で育成される。

　こうした防護的な状況的論理の効果は、相補的な制度的編成体の内部における、変化をくじく負のフィードバックの回路として、革新と多様化を抑圧し、伝統主義を増強させることになる。

必然的不協和：妥協と抑圧的な封じ込め

　諸制度の間の不協和によって内的で必然的に関係づけられているときには、変化の潜在的可能性を含んでいる。二つまたはそれ以上の制度が互いに必然的かつ内的に関係し合っていながら、それらの作用の効果が関係そのものの持続性を脅かすとき、この関係は矛盾の状態である。必然的不協和（necessary incompatibilities）は第二次的な創発的諸性質と考えられ、歴史的な偶然性の問題になる。経験的に可変的であり、どの制度がこのよう

な関係に入り込んでいるのかという経験的研究に開かれている。

　我々の関心は、いつ、どのように、必然的不協和が構造的創発的諸性質として実在するようになるのか、ということである。それは、住民の重要な諸部分が自分たちをその内部に見出し、彼らを戦略的行為の特定のコースに向けさせるような諸状況をつくりだすことになる。

　たとえば、M．ヴェーバーは家産官僚制の研究において、官僚制と課税との関係を、「課税の安定的システムは官僚制的支配の恒久的な実存のための前提条件である」として、内的で必然的な関係として定義した。その不協和は、官僚制の存続が依存している課税システムを、準実物経済というコンテクストのなかで、いかに維持していくべきかという課税能力の問題となる。受封者（prebendary）であるスタッフなしではやっていけない支配者にとって、妥協は和解と収奪の間のシーソー・ゲームである。家産官僚制に特徴的なことは、正しい均衡点に行きあたることなどない賭けだということであり、この編成体は本来的に不安定なのである。ヴェーバーが認識していたように、本来的に不安定な均衡であって、それらの間の緊張は、妥協によるチェックを受けることで、一時的にのみ保持されている。

　こうして、中央集権的官僚制の利害は、封じ込め（containment）と妥協（compromise）の状況的論理が働く。必然的な不協和は、既得諸利害の促進が慎重な均衡化、損失に対する利得の比較考量にならざるをえない。ロックウッドは、「官僚制的構造は貨幣経済なしでは、実質的な変化を受けることを、あるいは、構造の他のタイプへと転換することを、避けることはほとんど不可能である」(2) と述べている。

　さて、内的で必然的なＳＥＰＳの間の諸関係から由来する相補性と不協和の例が、社会を通じて一貫して作動するのは、通常のことではなかった。内的に形態安定的であっても、不協和の封じ込めは、資源配分における変化が起こらないことによって、妥協の必要性を免れさせたが、反対に、入手可能な諸資源の変化は、システムの断層線に沿って分裂していく既得諸利害の追求につながり、別の構造的な状態を実現していくことになる。

偶然的不協和：排除的論理の分裂的効果

　偶然的不協和（contingent incompatibilities）の編成体は、社会が開放システムであり、どんな社会構成体も外部の影響から密閉的に封じられてはいないがゆえに生じる。システム内的には、形態安定は高度に弾力的である（古代インドや中国）か、極度に脆い（家産官僚制）かである。

　たとえば戦争とか侵略の極端な偶発は、排除の状況的論理（situational logic of elimination）へと向き変える。また、システムの内部から外部から来るのかにかかわらず、偶然的不協和が生起するときには、物質的ならびに人間的諸資源の戦略的動員によって、一方の大きな利得が、他方に多大な損害を加えることになり、排除の状況的論理に関与することになるから、社会的分裂を引き起こす生成的な効果となる。この効果は、必然的相補性によって促進された社会的諸関係の安定的再生産と、必然的な制度的不協和の保護を助長する、諸資源と力の均衡を促進し維持する多様な諸利害の包含、という二つの状態に対立している。

偶然的協和：便宜的論理の生成的効果

　開放システムのゆえに、特殊な諸集団の利害に適合的な偶然的諸関係が侵入してくること、つまり特定集団に有利な資源動員をもたらす外的関係である偶然的協和（contingent compatibilities）は、その偶然的協和を利用することからのみ利得を獲得できるため、純粋な日和見主義の状況的論理（a situational logic of pure opportunism）をともなっている。ここで日和見主義とは、外的で偶然的な関係から生まれる有利な機会を利用するという意味である。

　偶然的協和関係の利用が、諸資源の大量流入を引き起こすならば、その帰結は形態生成的なものになる。たとえば、新世界からの金銀の流入は物価の急上昇を生み［ただし、人口急増が物価上昇の原因との説あり］、土地所有者たちの損失を招いた。植民地との貿易は大きな利潤を生み、閉鎖的ギルド職人に敵対する商業への衝動を生み出した。資本の蓄積は可動的な賃金労働と結びついて、最終的にはマニュファクチュア（工場制手工業）

の形成に再結合して、封建的諸関係を一掃することに貢献した。こうして、生成したものは、現状の防護的再生産と、不協和の抑圧的な封じ込めとに対立するような制度的再パターン化である。

＜構造的な形態安定と形態生成の含意＞

開放的社会システムによる制度的編成体の偶然性

　ある一つの中核的な相補性または不協和によってすべての要素（制度、役割、配分）が整えられているような、完全な社会システムはわずかな場合だけであり、その場合、すべてのエイジェンツを同一の状況的論理に編み込んでおり、すべての物質的資源は一つの方向に動員されている。

　偶然性の侵入に開かれていることによる外的効果は、システムとその環境との間に新しい関係を形成し、新しい状況的論理をもたらして、システムそのものを貫くものとなる。戦争も貿易も制度破壊的であるとともに、再構築的でもあり、古い連合関係を、諸制度間の関係の新しい多様なパターン形成に置き換える。社会の開放性を前提すれば、むしろ多様性が標準型なのである。

　開放性のゆえに諸制度を相互に多様な関係におくことを妨げるものはなにもないのだから、すべての社会構成体に、それらをパターン化しているなにか特殊な形式が見つかることを期待するア・プリオリな理由はどこにもない。どのように、特殊なシステム的な編成体がパターン化されるのかということは、偶然性の問題なのである。したがって、どんな第二次的諸性質が、そのシステムをつくりあげている制度的諸関係を特徴づけるのかは、経験的な問題である。

制度的クラスターの偶然的な創発的諸関係

　相補的関係の制度的クラスターと不協和関係の制度的クラスターがあり、これら二つの関係がそれらと無関係な諸制度に対して与える偶然的な衝撃は、すべてが相互に障害となる。ここで意味していることは、相異な

る制度（さまざまな役割と地位）に結びついている人々が自らを見出す状況が多様に形成されており、既得諸利害を防衛し促進するための相異なる状況的論理がもたらされるということである。

　①　内的に必然的に関係している制度的クラスターは、防護的な統合という状況的論理を促進し、住民の諸実践の安定的再生産に依存している。だが、独立的な制度へのそのクラスターによる偶然的な衝撃は、両者の偶然的な関係が有益なものであれば、最初のクラスターは新しい連合を獲得し、自分自身の制度的な運営においてセクショナルな利害をもつことになる。こうして、セクショナルな利害の追求は、独立的諸制度との駆け引きした変化によって、純粋な防護主義を修正していくことになる。

　②　妥協が不協和を封じ込めている必然的に関係している二つの制度的クラスターにおいて、両方の側に、偶然的な競争的関係から亀裂して独立する原因を促進したり、あるいは偶然的な機会が利得を提供するならば、セクショナルな集団形成を見出すかもしれない。どの場合にも、封じ込めのための微妙なバランスが脅かされるか、もっと寛容な妥協が制度的クラスターを支えて生き残りの条件になるかもしれない。それにもかかわらず、現状を変化させる対抗的な現実化がいまや実在的可能性となる。

図5−2−1　制度的クラスターの、諸制度や制度的クラスターとの偶然的関係のイメージ

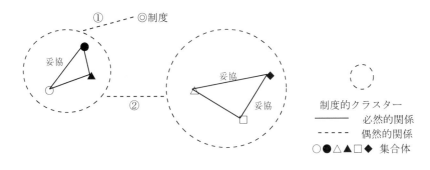

制度的クラスター間の創発的諸関係

　相異なる制度的クラスター間の創発的諸関係が、別種の諸関係からできているような大部分の社会構成体においては、二つの特徴が重要性をもっている。

　①　すべてのエイジェンツがすべての制度に関与しているのではなく、あるエイジェンツがいくつかの制度に関与している。このことは、社会的相互行為にとって決定的な含意をもっている。制度的再生産を追求するのか、形態転換を追求するのかという同盟の相異なる可能性に影響を与えると同時に、戦略的な集団形成の問題である。状況的論理の相異なるタイプをともなう制度的諸関係における既得諸利害の複数性の現存は、共同的な戦略に直接の影響をもつ。

　②　発展した同盟は、物質的資源（特に富と権力）にアクセスするさまざまな程度をもっている。出発点においては、二つの要因が、誰が闘争に関与するのか、どのように戦略的に進めるのか、どんな資源を自由にできるのか、を強く条件づける。これらすべてが、制度的な形態安定と形態生成にとって決定的なことである。

図5－2－2　制度的クラスター間の創発的諸関係のイメージ

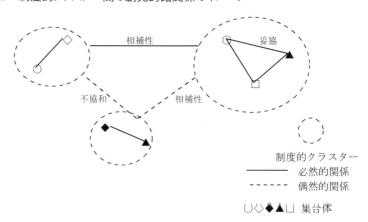

3 文化的編成体と状況的論理

＜四つの文化的編成体とそれらの状況的論理＞

文化は、構造と同じ用語で概念化されうる。第二次的なレベルで、ＣＥ Ｐ ｓとＳＥＰ ｓは実質的な相違はあるにせよ、媒介的メカニズムとしては同一の仕方で働くため、理論や信念を保持することがもたらす効果に焦点をあてる。ここでの関心は、他の理論や信念との論理的関係による文化システム（ＣＳ）の諸性質が、ある観念を擁護する人々に対して及ぼす影響についてのものである。たとえば、任意の二つの教義（ＡとＢ）の関係は、最初は論理的矛盾、依存性または独立性によって確かめられる。このことは、文化的統合の神話とは異なっている。

さまざまな観念または信念の論理的な性質は、その保持者を相異なる観念的な地位におくことで、異なる状況的論理を生み出す。状況的論理の効果は文化的行為のコンテクストを形成し、観念的な発展の相異なるパターンを条件づけることにより、社会－文化的な相互行為は、状況的論理の相異なる方向づけ的ガイダンスで表現される。

拘束的諸矛盾（必然的不協和）

文化システムの一性質として、必然的矛盾（論理的に不整合）がある。任意のエイジェントまたはエイジェンツがＡ（理論であれ信念であれ）を維持しようと望むならば、Ｓ－Ｃレベルにおいて、矛盾は拘束（constraint）をもたらす。Ｓ－Ｃ的場面で誰も主張せず擁護しないならば、ＣＳレベルにおけるＡとＢの不適合性の実在は、何らの社会的帰結ももたない。つまり、このＳ－Ｃ仮説の矛盾による拘束とは、Ａに関与している人々がＢとも一緒に生きていく以外に他の選択肢をもっていないときに、ある特殊な状況的論理に行きあたるということである。諸矛盾の拘束は内的で必然的な関係というコンテクストにおける不協和から生じるため、文化的な緊張

の場であり、この文化的領域では、諸矛盾は行為のコンテクストを形成することによって、行為のコースに対して条件づけ的な影響力を及ぼす。

　他の人々を因果的に操作することによる社会－文化的な封じ込め戦略で、ＣＳの矛盾を取り除こうと試みることは、Ｓ－Ｃレベルで効果をあげるかもしれないが、拘束的影響力の最終的な解決ではない。Ａの信奉に忠実であり続ける人々にとっては、その状況的論理がこの矛盾に対処する方法を強固に指示してくるからである。こうして、ＡとＢが論理的に不整合であるとき、両者には真の解決は存在しないが、Ｂが変わらないのであれば、Ａの維持可能性を脅かすことになる。Ａへの信奉を継続する場合、状況的論理はＢとの関係修正を強制的に指示することになり、修正的矛盾（corrective contradiction）というシステム的性質となる。

　拘束的矛盾によって生み出された状況の論理は、不整合の修正を関心事として、差異を押し隠して相矛盾する要素間に統一の効果をもたらそうとする試みの観念的な異種混合主義（syncretism）にいたる。不整合を修繕する仕事は、必然的に、一方または両方の要素になんらかの再定義を含むことになるが、一般的な結果としての中心的傾向は、相違を押し隠すことであり、それらの構成要素の間に統一の効果をもたらすことになる。文化システムの内部の拘束的矛盾の実在は、最良のものを作りだそうとする観念的な統一化を条件づけるが、このシステム的な機動力も、統一された理論または信仰も、社会－文化的生活の重要部分における合意を保証する力または結果とみなすべきではない。

　ＣＳレベルにおける形態生成的なシンクレティズムと、拘束的矛盾からの結果であるＳ－Ｃレベルにおける観念的な統一への圧力とは、共存的相補性（the concomitant complementarity）の概念をもつ諸結果と完全な対照関係にある。

共存的相補性（必然的相補性）

　拘束的矛盾と同じ形式的特徴を持っている共存的協和（concomitant compatibility）ないし共存的相補性における、協和と相補性の概念は、M.

アーチャーによれば互換的に同義で使用している。

　共存的協和は必ずしも伝統的文化の特権的特徴ではないが、たとえば、古代インドや中国における、宗教的な信念、地位配分の合理性と経済倫理との結合関係、あるいは古典経済学と功利主義哲学との間にも、またＴ・クーンのパラダイムも、共存的協和のクラスターを構成している。共存的協和は、社会－文化的レベルで行為を因果的に条件づけする論理的関係であり、当の行為者たちにとっては利益促進的な方向づけ的な影響力でもある。

　しかし、時の流れとともに、共存的協和の特徴は、問題欠落状況となる。共存的協和の状況的論理は、Ａの党派的支持者にとって接近可能なＢの部分への無制限状態を促進し、深い信奉者たちが、Ａ／Ｂ複合体によって構成された観念的環境へと飛び込んでいく。Ａの信奉者たちは、共存的協和を形成しているクラスターに編み込まれており、その外部の人々から隔離されている。居心地のよさは、閉鎖をともなう緊密な結合でもある。時とともに、この状況的論理は、変化をくじく負のフィード・バック回路を促進する。こうして、文化的リーダーシップの典型的な性質が現れ、内部的革新を抑圧することになる。共存的協和の状況的論理は、修正ではなく、防護（純粋性の維持）に導かれ、整合性の防護に関心を向ける状況的論理は、観念的な体系化に帰結する。これより一般的な結論を確立できるならば、共存的相補性は状況的論理の実在的で経験的な故郷であって、最終的には文化的統合の神話の設定に成功するだろう。

　だが、共存的協和の諸結果は、統合された全体を形成するかもしれないが、継ぎ目なしで生まれてくるのではない。形式的には相互依存的で協和的な諸観念の調査探求から生じて、互いにはまり合う過程で結び目が強化され、同じ起源をもつ観念の一群が累積的に組み込まれ、強化された結び目は隙間のない充填体を表現して、偉大な全体へと発展するように奨励されているが、時間と知的努力の両方が、本質的な要素である。

　ヴェーバーにあっては、宗教的な事柄における「整合性」は知的生産の産物であり、「システム的な調整」の合理的な過程をともなうとして、世

界諸宗教がつなぎ合わせている外延的な探求（生活領域の諸観念の整合的な連合）と包括的な形式化（連合の内包的結合と教義との包括的な総括体の形成に向けた内面的な専心の局面）という、二つの要素を理解していた。共存的協和が整合的な総括体（conspectus）から導き出され、それに貢献するという事実は、文化的濃密性（cultural density）の実質的な増大である。それによって、文化システムのこの分野（宗教）は、技巧的な語彙と概念の複雑な体系を生み出していく。文化的濃密性の発達は、その総括体の内部におけるより多くの内的な相互的結合である。内的構造がより複雑になれば、繊細に接合された内的結合体に新しい項目を同化することは一層難しくなり、綿密で洗練された結びつきは革新を拒絶することになる。ヴェーバーは、ヒンズー教における複雑な儀礼化の効果について、総括体とその外的な環境との関係において、境界の外部からやって来る革新は、容易に編み合わされはしないことを指摘した。体系化された総括体は、安定的で侵入されることのない環境にだけ寛容になる。

　観念の世界は、外部環境に対抗する閉鎖による人工的な安定化になる。防護の状況の論理は、外部からの競争相手を許容しないで、内部の競争関係を抑圧することになる。防護的な隔離が成功するかぎり、閉鎖はいかなる偏差の形態生成的な増幅をも排除する負のフィード・バック回路を示す。防護的閉鎖は形態安定をもたらし、総括体の文化的発展にいたる。共存的相補性の文化システムレベルにおける一般的結果は諸観念の体系化であり、濃密で密接に接合された観念の組み合わせである。社会－文化的レベルにおける傾向は再生産であり、さまざまな類似性の配分となる。共有された観念と共通の実践を生み出し、共同体に統合された「秩序の島々」を形成する。とはいえ体系化－濃密性－防護－再生産というシナリオは、最も特殊な場合なのである。

　競争的諸矛盾（偶然的不協和）

　競争的矛盾は、システム的拘束（systemic constraint）の問題ではない。たとえば、世俗的な合理主義は、宗教的な信念との恒常的な参照関係をと

もなうことはない。

　二つの集団の間の論争を引き起こす時のみ、活性化させられる競争的矛盾は、実質的には文化システム的なものではあっても、社会－文化的な偶然性の問題であり、文化システム的な不可避性の問題ではない。

　競争的矛盾では、あるエイジェントによる「独立的な」矛盾の強調化（accentuation）が社会的問題なのである。強調化は、ある矛盾の一方の側に立ち、他の人々を自分の味方につけようとすることで、その矛盾を競争的なものにつくりあげようという利害関心によって活性化された諸集団に依存している。相対立する集団が原因となって、住民たちの広範な部門に衝突を引き起こす。この競争的矛盾によって生み出された状況的論理は、人々を選択に立ち向かわせる。違いを強調し、卓越性を主張し、無差別を掘り崩し、同盟の問題を不可避的につくりだすことによって、人々を選択するように強いる論理である。同盟を強制することではなくて、むしろ、社会における選択の自覚を拡大していき、選択肢の存在を暴露することによって、伝統主義や慣例主義を足もとから覆すことになり、観念的多様性の可能性を示してやることになる。いずれにしても、選択への方向づけが競争的論理という状況的論理の強制力である。

　観念的闘争において同盟している者たちは、彼らが反対する論理的な源泉が、彼らの行為を条件づけ、その状況的論理が反対者を排除しようとする動機をもたせる。所与の信念や理論にとって不整合なものを排除することが状況的論理によって命じられた目標なのであるから、二つの集団が、結果としてもたらされるものは、諸観念の戦場である。闘争での勝利は、対立する観念を痛めつけ信用を失墜させることによって、敵対者の社会的卓越性を失わせ、勝利者の命題を誰の挑戦をも受けないような最高の地位につかせることにある。このように、競争的矛盾に直面している支持者たちにとっては、報奨は、無制限で危険な抗争に結びついている。

偶然的相補性（偶然的協和）

　偶然的相補性によって生み出される状況的論理は、四つのなかでは最も

緩いものである。偶然的協和は概念的な統合や理論的還元、教義的拡張などを含む新しい結合や適用の機会を増大させ、共通の分母としての観念的総合をもつことになるため、行為を条件づけるが、自由な文化的活動の機会を客観的に増大させる。つまり、偶然的相補性だけが、Aの選択をしておきながら、同時にBの選択も可能な自由の状況に身をおく。ただし、行為のさまざまなコースの客観的な利用可能性がより大きくなれば、なにをするかを決める自由も単純に大きくなることではない。

　また、調和的諸観念に対する露出政策（exposure　policies）と結びつく偶然的協和だけが、回避（拘束的矛盾）や採用（共存的協和）や忌避（競争的矛盾）をもたらすように計画された社会－文化的な操作から免れている。エイジェンツが、境界的地平を探査したり無視したりする実質的自由をもっていることこそ、状況的論理の指差的特徴である。偶然的相補性は機会についての緩い状況の論理を提示するので、接触から利益を引き出した後に、有利になしうるものが何かを自由に定義しようとする社会－文化的な日和見主義者を要請する。

＜集合的信念・観念とイデオロギーの関係＞

　K．マルクス以来、競争的矛盾（偶然的不協和）の事例としてのイデオロギーへの関心の欠如が、集合的信念へのアプローチを特徴づけてきた。上向的合成論者と俗流マルクス主義者の支配的イデオロギーの理論家にとっては、支配とは他者の観点の排除と同じことだから、競争などは存在しないし、矛盾も存在しない。普遍的社会化と内在化の主張が、機能主義的な下向的合成論における中心的価値システムと同じ役割を演じている。

　J．G．メルキオールが、「信念システムとしてのイデオロギーの特性」について、所与の社会秩序のなかの集団的利害との関係のうちにあり、この党派的性質がイデオロギー理論の中心的教義であって、さまざまな利害関心の連接こそ、集団的信念の指差的特徴だ (3) と述べていることに対し、アーチャーは、集団的利害の指差的特徴は、社会－文化レベルにおける相対立する集団の実在を容認しているけれども、CSレベルにおけるイデオ

ロギーそれ自身の間の競争や矛盾を許容しておらず、集団的利害の付随現象あるいは反映になっている、と批判している。

　メルキオールの説は、イデオロギーは本質的に競争的であるという事実に依拠しており、二つの観点から不適切である。第一に、もしイデオロギーが利害の受動的な二重化以上のものでないならば、つまり集団的利害の付随現象のみならば、そのイデオロギーが自らの利害を前進させ、促進し、防御することは不可能となるだろう。だが、イデオロギーがそのような課題を遂行しているなら、必然的に、対立する利害との関係で、他のイデオロギーとの競争のなかで遂行することになる。第二に、付随現象的な見方では、「虚偽意識」を扱うことができなくなるし、あるいはイデオロギーが利害の「合理化」にすぎないとすれば、イデオロギーが実現する有利性を共有しない人々にも信じられている現象としての「イデオロギー的な同意のなぞ」に答えることもできなくなる。同意のなぞを承認せざるをえず、複数の利害が作用していることをも受け入れるならば、現に働いている複数のイデオロギーのなかで、合意をめぐる競争が存在していることに同意しなければならない。

　イデオロギーは、利得を得られない人々から合意を調達するために、普遍的受容可能性の申し立てと、それらの本来の党派的な性格の隠蔽に訴えるということになる。Alvin　W．グールドナーによれば、イデオロギー的な言説は、普遍性の申し立てによって、党派的な利害の正当性を否定することを継続的に目指しており、時には党派性の実在性を否定しさえするし、党派的利害が見かけ上そうみえるにすぎない (4)、と論証するかもしれないと述べている。

　こうして確立された支配集団の典型的な応対は、そのイデオロギーの即座の再定式化である。新しい競争相手の主張を否定するようにそれを拡張し、最終的には競争的矛盾を明白にすることになる。アーチャーによれば、「イデオロギー的諸観念」の分離された集団的諸利害の実在について、受け入れ可能な主張を証拠をもって申し立てたものは誰もいない。なにがイデオロギー的なものかは、諸利害というコンテクストのなかで、しかし同

時にＣＳの論議における使用法のうちにあり、争いの過熱状況を持続させるのは、Ｓ－Ｃ（社会－文化的相互行為）の諸利害である。しかし、ＣＳの論議としては、それは、「進歩的」または「退歩的」な問題転換の特徴として検討されうる。

4 人々を再導入する必要性

　文化システムにおける矛盾と相補性とが人々に及ぼす諸効果に関しては、社会的エイジェンツが自分たちの観念をいだくようになったら、さまざまな仕方で条件づけられることになるということであるが、強調すべきは、人間エイジェンツがにない手に還元されるわけではないということである。このことは、文化的コンテクストの形成を見定めるような、分析的二元論に由来する方法的手続きだからである。

　相異なる地位に行為者たちを配置することによる利害の条件づけの影響力は、他の諸観念との矛盾的関係かまたは相補的関係かという形式的で論理的な観念相互の関係に由来しており、観念の実質的な性格に属しているものではない。

　① 論理的な関係が内的で必然的な場合には、二つの相異なる状況的論理を生み出す。拘束的矛盾（必然的不協和）の関係的な性質は、不協和の修繕に失敗するならば、機会費用がついてくるから、修正を促す。共存的相補性（必然的相補性）は、その支持者たちを問題のない状態におき、その継続的な擁護に対する観念的な報奨を提供し、文化的な現状から受け取る利得の防護を促進する。これらの論理は観念的な発展の相異なるパターンを条件づけている。つまり、修正の場合のシンクレティズム（諸差異の減衰＜ a sinking of differences ＞）、および防護の場合の体系化（諸利得の統合＜ a consolidation of gains ＞）である。必然的矛盾と共存的相補性のシステム的な論理的関係は、因果的にＣＳレベルから不可避的にＳ－Ｃレベルに侵入してくる。このことは、システムの優位性を主張する論における

真理の基盤である。

②　関係が偶然的な場合には、競争的矛盾（偶然的不協和）と偶然的相補性（偶然的協和）の諸効果がある。ある特定のＣＳレベルの論理的関係の選択的強調によって、Ｓ－Ｃレベルにおいて因果的に活性化される。どの論理的関係が社会において文化的な卓越性をもつかを社会的行為が決定することは、上向的合成論における真理の基盤である。

こうして、真理は下向と上向の合成論両方のものであるが、中心的合成論者たちが言うだろう中間地点に真理があるということではない。次になにが起こるかを理解するためには、自分たちの利害を追求し、自らの力を行使し、社会的連帯や集団の闘争を通じて、自らの文化（と構造）を作り、再形成するものとしての人々を呼びもどすことが必要である。人々の諸関係が、どのようにして、物質的構造と同じように観念の間の関係を変化させたり、または維持させたりする能力をもつのか、ということをみるために、形態生成サイクルの第二の局面、つまり社会－文化的相互行為の局面に移行する必要がある。一般的に言えば、構造と文化とエイジェンシーとの間の、基礎的に言えば「諸部分」と「人々」との間の、結合問題における次のステップでもある。

（1）　Douglas V.Porpora,'Four concepts of social structure', *Journal for the Theory of Social Behavior*,1989, 19; 2, p.208.
（2）　David Lockwood, 'Social integration and system integration', in G.K.Zollschan and H.W.Hirsch(eds.), *Explorations in Social Change*, Houghton Mifflin, Boston,1964, p.254.
（3）　J .G.Merquior, *The Veil and the Mask*, Routledge and Kegan Paul, London, 1979, pp.3-4.
（4）　Alvin W.Gouldner, *The Dialectic of Ideology and Technology*, Macmillan, London, 1976, p.278.

第6章　エイジェンシー

　社会の構造化も、その原因となっている社会的相互行為も、互いに切り離して論じることができないということは、形態生成論の見方の中心的信条である。その形態生成論的な見方の特徴は「分析的二元論」、つまり「構造とエイジェンシー」の相互作用が検証されるためには、二つの要素が時間経過のなかで取り出されてこなければならない、ということである。

　社会的エイジェンツとそれらの相互行為とに依拠する、構造と文化の形態生成の議論の結果は構造的ならびに文化的なシステムになるが、それに続く、新しい条件づけの影響力としてのシステムによる人々の生成は無視されてきた。つまり、構造と文化の再モデル化への焦点が正当だとしても、社会と文化の形態転換がもたらされるこの自己同一的な連鎖が、同時に、社会的エイジェンシーそのもののシステム的な形態転換の原因となっているということを認識する必要がある。

　「二重の形態生成」、つまりエイジェンシーは構造的・文化的なエラボレーションを引き起こすが、この過程でエイジェンシーそのものもエラボレートされる。同じ図式、同じ理論的諸前提にもとづいて、エイジェンシーの形態生成を提示するこの章では、エイジェンシーのエラボレーションに焦点をあてる。システム的な諸帰結よりもエイジェンシーにとっての諸

図6　エイジェンシーのエラボレーション

帰結という観点である。図6は、基礎的な形態生成サイクルの一つの最も原理的な表現である。

　「エイジェンシー」の意味を説明することは、図6－1に依拠しながら、少しずつ拡張されていくが、「社会的エイジェンシー」についての他の三つの概念化の仕方（合成論）と比較する限りでは、M．アーチャーは、「エイジェンシー（Agency）」は「人々（people）」としての単一の概念を表示する用語として使う。

1　一次元的な見方との対照

　「エイジェンシー」がなにを意味しているかは、「人間存在（human being）」という概念との関係でどこに位置づけられているか、と問うことである。

　対照的な四つの立場がある。最初の見方は、人間存在は含んでおらず、社会化の後で活性化される、「無規定的な素材」から構成された社会的エイジェンツだけを含んでいる。第二の見方は、社会構造の全体を生み出す合理的な行為者との理想化された人間存在（人間のモデル）の社会的エイジェントである。第三の見方は、社会があらゆる行為に入り込んでいる人間であることは社会的であることから、人間存在と社会的エイジェントとは同義になる。最後の形態生成論的な見方は、人間存在も社会的エイジェントも両方を区別して認めるが、互換的に扱うことを拒否する。「人間存在」「社会的エイジェント」そして「社会的行為者（social　actor）」を相互に区別して、社会の理論化において不可欠であるが、三者すべてを創発的で、したがって還元不可能なものとみなす。

　階層化された形態生成論的モデルにおける、「エイジェンシー」という諸概念がなにを指しているのかをみるために、アーチャーは他の三つのアプローチを検討している。

　①　人格的アイデンティティを社会的諸関係に溶解してしまう全体論では、自己性はホモ・ソシオロジクス（役割を忠実に実行する人間像）にお

けるさまざまな役割によって定義される。行為のための理由は役割要請の問題になるから、あらゆる目的は社会的なものになり、私の目的は実在的に私のものではありえないことになる。トップダウンの視点によって「無規定的な素材」のホモ・ソシオロジクスとしてとらえられる「下向的合成論」の見方は、受動的なエイジェントを提示し社会的決定論になる。

　形態生成論の見方は、エイジェンシーに対して、反省的で、目的的で、促進的で、革新的なものである。構造的および文化的な要因は、状況を形成することを通じてのみ、エイジェンツに影響を与える。この状況において、エイジェンツは自らをそこに見出すとともに、その状況を維持しまたは形態転換することに対する既得諸利害によって相異なるグループへと配分され、人々にさまざまな行為のコースを選ぶ理由を供給するが、誰をも強制しはしない。状況はある特定の構造的で文化的な限界のなかでだけ生起するのであり、状況化された行為の構造的で文化的な制約の知られざる条件は、エイジェンツの時間的空間的限界という視野を超えたところに横たわっている。

　②　社会をボトム・アップでとらえ、構造と文化を同時代の諸個人と彼らの性向やその組み合わせから結果したものとみる見方は、同時代のエイジェンシーに社会の現行の特徴の一切の責任を負わせることになる。行為の条件の問題点として、継承された構造についても、変化に対するその構造の抵抗についても、さらに決定的なことは、変化を追求する能力をもつエイジェンツの位置づけについても考慮しない。

　また、「人間のモデル」（理想化された人間存在）から複雑な構造を引き出そうとする補完的努力のうちに問題点がある。たとえば、古典経済学の「合理的人間」モデルでは、自発的な集合的行動や公共財の自発的創造を処理できないという事実が「規範的人間」の導入を誘導し、つまり自分の福祉を他者たちに依存していることに気づく状況のもとで行為する、との異なる論理に転換され、さらに構造的で文化的な性質を処理するために、共有すべき団結や意志にもとづいた「情動的人間」がその用語に加わる。すべてを同一の存在に住まわせようとする「多重的自己」概念で、一つの

組織のような「人間」に行きつく。人間の本性（説明項）を概念化するために、被説明項（社会組織）を使用し、創発的で集合的な社会的性質を個人的なものに組み入れていることは、人間存在とエイジェンツを合成して（conflate）いることにつながり、誤りとなる。

　形態生成論の見方からすれば、集合的な社会的性質は還元不可能な集団的変数であり、社会－文化的な複合体は相互行為の意図せざる産物である。複雑化した「人間のモデル」を提示しても、社会的複合体が個人的な人間存在から引き出されたりはしない。単数形でのエイジェンシーの概念化が、社会以前的な原子的な諸個人によってもたらされる必要などないことから、エイジェンシーという用語を集合体に適用するほうが有益だとみなす。

　③　構造化理論の見方は、構造とエイジェンシーとの密接な相互依存を認め、相互に構成的だと提唱する。ここでは、構造と文化が行為のルーティンな生産に吸い込まれてしまわざるをえず、その行為が今度は構造的諸性質を事例化し、構造そのものの再生産となる。媒介者としての、また実践の帰結としての構造という中心的な考え方が、二つのものに別々に共有されている性質を検証することを排除し、両者の相互作用を探求することを妨げる。

　相互構成的な混合物がもたらすものは、あまねく存在する一つの構造という考えである。その構造は、完全に「認知能力（knowledgeability）をもつ」エイジェンツにより、必然的に各々の実践的な行為に引きもどされ、どの行為の実行も、その全体における構造体を呼び起こす。そこでは、発見不可能で、回復不可能で、訂正不可能なものが、自分たちの背後で進行することなどほとんどないことになる。

　構造化理論で示された「認知能力」という考え方が受け入れがたいのは、人々は、行為の知られざる多くの条件について「言説的洞察力（discursive penetration）」をもってはいないし、もつこともできないということである。エイジェンツはその社会的地位に応じて、相異なる認知能力をもつ。したがって、あるエイジェンツは、他者の文化的な操作のおかげで、欠陥のある、不利な、歪んだ知識をもつこともある。

形態生成論アプローチによれば、相異なる人々が彼らの状況についての相異なる程度の「言説的洞察力」や、「実践的知識」あるいは「無意識的な気づき」などをもつことを許されているだけであり、それらが社会的実践に影響を与えるのである。

　構造化理論は、欲望については黙して語らない。欲望は、構造化された地位、既得利害や誘発された欲求のなかに見いだすような外的な場所も、個人的な心理的性向のうちに見いだすような内的な場所ももてない。先行的な構造的条件づけと人格の個人的な相違を考慮に入れるような、もっと階層化された見方なしには、社会の相異なる諸部分における欲求の規則的なパターン化や人格的相違についての説明を欠落させてしまう。後者は、中心的合成論者が、行為するためには「規則と資源」にたよらざるをえない不可避性という、人々についての過剰に社会的な見方（over-social view）によって逃れようとしているからである。すべての行為が三つの社会的媒体（様相）のすべて（解釈図式、便益< facility >、規範）を呼び起こすことなしには、いかなる行為もなしえないとする見方には、個人的な人格と社会的エイジェントとが一緒に詰め込まれている。こうして、構造化理論は集合的行為の概念を提出しておらず、社会運動、集合的抗争または協働的統制について、わずかしか語るべきものをもたない。

　分析的二元論では、時間の推移のなかで互いに相手の形態転換における、構造とエイジェンシーの役割を確かめるためには、「社会と人々（society and people）」が分離されなければならない。二重の形態生成、つまり人々が社会的な形態転換を引き起こしていく同じ過程が、同時にエイジェンシーのシステム的な形態転換の原因をなしている。人々は集合的に構造と文化のエラボレーションを生み出していくのだが、同じときに、人々としてのエラボレーションを経験する。

<形態生成サイクルの三つの局面における諸命題>
　形態生成サイクルの三つの局面には、それぞれ区分された命題が含まれている。

①　エイジェンシーが働く諸条件の多くのものは、エイジェンシー自ら
がつくりだしたものではない。我々はすべて、過去の相互行為の意図せざ
る結果である構造的で文化的なコンテクストのなかに生まれてくる。同時
に、特権的なあるいは恵まれない地位に従って、対面する状況が報奨的経
験の源泉かまたは懲罰的な経験の源泉かに従って、その維持または変化に
関する既得利害を獲得する。

②　配分された既得利害は、エイジェンツの状態に条件づけ的な効果を
もつ。その状態は誰をも強制しはしないが、条件づけは、行為の異なるコ
ースに客観的な報奨か罰を結びつけることによって作用する。報奨と罰は
客観的ではあるが、自然あるいは養育によって前もってプログラムされて
いる訳ではない我々は、それらを主観的に比較考量しなければならないと
主張することで、ホモ・エコノミクス（自己の経済利益を極大化させるこ
とを唯一の行動基準として行動する人間の類型）の人間類型を回避する。

既得利害は強制的なものとはほど遠いものである。エイジェンシーにつ
いての見方は、エイジェンツの自己犠牲や利他的な理由を排除することに
はならないとはいえ、促進的な利害集団による理由の承認、集合体の行為
パターンに規則性を生み出す。既得利害の良心的拒否は逸脱を生み出すが、
このような逸脱は、水力学的な方法による推測や実証主義的な考え方から
は説明がつかないと同時に、集団の相互行為において知識を操作すること
で、利害についての誤った解釈へと導かれることが斟酌されるべきである。
認知されなかった既得利害はなんらの防護的／促進的な行為をも誘発しな
いが、対価は支払われることになる。

③　形態安定と形態生成の結果は社会的エイジェンシーによる産物であ
るが、妥協や譲歩を含むだけでなく、相互行為の意図せざる諸結果をも含
んでいる集合的で創発的な性質が、次のサイクルを条件づける構造と文化
の特徴をなしている。それと同時に、意図せざる結果のなかにエイジェン
シーのエラボレーションが保持されているため、エイジェンシーは、社会
的な安定性または変化のために働く過程の重要部分として、自分自身を形
態転換していく。なぜなら、相互に相異なる関係に立ち、システム的な帰

結に影響を与えるさまざまな機会をもっているような、そうした集団に区画されることによって、後に続く相互行為を条件づける潜在力をもつことになるからである。

　形態生成論的アプローチにおける「人々」の指示対象を特定化する際に、三つの「性格」を導入することで、合成論的な理論化の形態の一次元性からの区別が進むことになる。

2　「人々」の階層化されたモデル

　形態生成論が実践的な社会理論に貢献すべきだとすれば、諸人格、エイジェンツ、行為者たち（Persons, Agents and Actors）だけを扱う。人間的人格（the human Person）として、エイジェンツとして、行為者として、できる事柄はそれぞれに異なり、それぞれ異なる状況設定におかれ、異なる力や異なる諸利害と異なる理由に関与するからである。

　合成理論では、社会性についての、上向的合成論における集合、下向的合成論における社会化、中心的合成論における漸進的特殊化のように、基本的に一つの働きを描くため、社会性とは、懐妊中に前もって約束され、新生児に与えられた確かな定義のことである。

　だが、アーチャーにとって展開されるべき見方は、単一の働きにおいて創発するものではなく、アイデンティティのように、創発的存在としてのみとらえることができる「社会的自己（social　self）」という概念が必要になる。人間的人格がエイジェント（the　Agent）を生み出し、そのエイジェントは、系統発生的および個体発生的の両方の意味において、行為者（the Actor）を生み出すということである。

　第一に、「二重の形態生成」の最終生産物としてのエイジェンシーの創発という考えである。二重の生成において、集合体が、社会の構造と文化を再生産し変化させるにつれて、その集合体も集団形成され再形成される。集合体は、社会－文化的諸構造を維持し形態転換させるが、その一部分と

して、自分自身の集合的アイデンティティをもまた維持し、変化させる。

　第二に、最上位におかれるのは、「三重の形態生成」から発展してくる行為者たち（Actors）の創発という考えである。その特殊な時点における社会のなかで利用可能な一連の組織的な諸役割との関係において、個々の社会的行為者たちの特殊な社会的アイデンティティが、エイジェント的な集合体からつくりだされてくる。しかし、エイジェンツと行為者たちは、実在的な人々に関係しているため、それぞれの人格につなぎ止められつづけている。したがって、エイジェンツと行為者たちは、社会における存在を扱うだけで、人間であることのあらゆる意味を扱うわけではない。エイジェンツと行為者たちが人間性（humanity）に繋留されているがゆえに、どんな社会的アイデンティティが人格に繋留されているのか、繋留地がどんな違いを形成するのか、についての考察が必要になる。

　行為者（the Actor）を人格（the Person）につなぎ止めていることが、反省的な特質と革新に対する一般化された能力とを供給することになるだろう。人間存在そのもの（human being per se）は、なんらの特殊な利害関心ももたないのに対して、行為者だけが、役割にまつわる利害関心をもつ。これとの参照関係として、同じライフ・チャンスを共有する集合体（Collectivities）としてのエイジェンツも、行為者のさまざまな役割の外部にあるが、行為者たちの役割を通じて追求されうるような、集合体自らのライフ・チャンスを防護し改善しようとする利害をもっているのである。

　人格（Persons）が行為者（Actors）に対して潜在的活動力を与えるとすれば、エイジェンシーは、誰が、全役割系列のどんな（諸）役割を獲得するのかについて、その原因を与えるような媒介メカニズムであるため、活動性に対してある目的を供給する。というのも、相異なるエイジェント的なライフ・チャンスが、所与の時点の社会において入手可能な一連の役割の相異なる部分に対して相異なるアクセス権を与えるからである。こうして、活動目的を供給する原因を与える媒介メカニズムとしてのエイジェンシー（活動誘発メカニズム及びそれによる活動性）は、人格を行為者に連結する中間的要素として、誰がどの役割を占めるのかを、しかも要求され

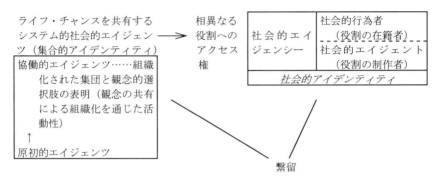

図6-2　人々の階層化されたモデル

ライフ・チャンスを共有する
システム的社会的エイジェン　　→　相異なる
ツ（集合的アイデンティティ）　　　役割への
　　　　　　　　　　　　　　　　　アクセス
協働的エイジェンツ……組織　　　　権
　化された集団と観念的選
　択肢の表明（観念の共有
　による組織化を通じた活
　動性）
　↑
原初的エイジェンツ

社会的エイ　社会的行為者
ジェンシー　（役割の在籍者）
　　　　　　社会的エイジェント
　　　　　　（役割の制作者）
　　　社会的アイデンティティ

繋留

人間人格（人間性／身体＋意識の持続的な自己感覚＜非社会性＞／人格的アイデンティティ）

なくとも、なぜ行為者は行うものとしてなすのかを説明しなければならない。ここに、人間存在（Human　Being）－エイジェント－行為者（Actor）の系譜学がある。

　我々自身に役割が付与され、役割を人格化することによって、社会的アイデンティティを獲得し、また獲得するかもしれないのは、諸行為者（Actors）としてである。エイジェンツは、諸個人の関係性による創発的諸性質の集合体(collectivities)として定義されて複数形であり、厳密なアイデンティティをもつことはできない。また、誰でも人格的アイデンティティはもつが、各人が社会的アイデンティティをもつわけではない。いかなる役割も、十分居心地よく感じるわけではないことは、人格的アイデンティティと社会的アイデンティティとが同じものではない一つの理由である。

　なぜ我々が、持続的な人格的アイデンティティをもたねばならず、またそれに関連づけられねばならないのか、別の理由がある。役割を選んだ訳でもないとき、役割が失われているとき、他の選択肢が利用できないときのような、社会的アイデンティティの不在または喪失を経験する誰かが存在することにならざるをえないのであり、社会は満足させることができた

はずなのに、その実現に失敗するのかと気づき知る主体となるからである。

3　諸人格の起源と形態生成

<人間性の原理>
　人間存在がエイジェントと行為者の事柄から外れてみえることは間違い
である。エイジェントと行為者の社会的存在はともに、共通の人間性に繋
留される必要がある。諸個人は意志についての理由をもつため、人間性へ
の繋留なしには、諸制度に優先する諸個人を構想できなくなる。また、他
の諸制度のもとで暮らしている別の時代や別の地域の人々について理解す
るためにも、「人間性の原理（Principle of Humanity）」が必要なのである。
「信念や願望と世界との間の諸関係のパターンが我々自身のそれと近似し
ている」(1) という条件なしには、異なる「社会的生産物（social products）」
は、過去のものも未来のものも、決して理解可能にはならないだろう。形
態生成の過程において、自分たちのコンテクストを変化させ、自らの社会
的自己を変化させるのだから、時間推移のなかでエイジェンツと行為者た
ちの理解可能性のためのア・プリオリな繋留点として、人間性が必要なの
である。こうして、人間存在は、アルファでありかつオメガ（永久不滅の
存在）でありつづける。
　生まれたときから、世界内存在の一部は社会的エイジェントとなり、社
会内に住む者の一部は、ある特定の種類の行為者になる。つまり、多くの
種類のどれかに決めることになっている。人格は、それを自分自身の社会
的アイデンティティとして採用できるし採用するだろう。ここで重要なこ
とは、社会的アイデンティティは、我々の人間性のすべてを尽くしてはい
ない。その反対に、どのような種類の社会的存在になるのかということを
行うのは、人間存在であるという事実なのである。我々は、社会的アイデ
ンティティは人格的アイデンティティに依存してはいるがそれに還元され

はしない、という言明を立証する必要がある。集合的利害がその者の現在と未来に影響することを承認できるためには、人格という性質が不可欠で、この人格の性質についての承認がなければ、社会生活はやっていけない。

　構造とエイジェンシーの両者の形態転換に寄与する、自己モニタリングと社会的モニタリング、目的形成とその目的の表明、目的－手段関係についての戦略的反省といった過程は、人格というより原初的な（primitive）性質にもとづいている。原初的な性質に基づく人格の、意識の持続性としての、時間を通じた持続的な「自己感覚」の特徴こそ、我々の人間性を社会生活にもたらすうえで不可欠なものである。なぜなら、時間を通じて持続的なものとして自らを知る人格、同様に自己記録を維持するものとして働く人格が存在しなければ、社会のなかでの生存や社会の生存を確保しようとする企図など、なにも生じないことになるからである。こうして、時間のなかで行われる社会的諸活動すべてのことが、持続する自己感覚に依存している。

　自分たちの既得利害を認識し、その利害を相互に比較秤量し、またそれらの価値を比較考量する、エイジェンツの集合的行為と諸行為者の個人的行為は、人格を論じる場面では重要な要素としては登場しない。とはいえ、制約や可能化に影響を与える諸利害をもっている者は同じ自己であるということ、そしてどのように今日反応するかということが、明日にはどのような諸利害をもつかということに影響するということの自覚がないならば、社会的行為の意味づけや説明についての問いは、決して生じてこない。

自己の概念と自己感覚の区別

　社会的である自己の概念と、社会的ではない普遍的な自己感覚との間には決定的な区別がある。人格や個人の社会的な変種形態は自己感覚なしには機能しないため、自己感覚は人格や個人の社会的な変種形態から区別されなければならない。人格という言葉の統合的意味は、意識の持続性にある。したがって、社会化論は、自分自身を時間推移のなかで同一の存在として認知する方向において、規定されなければならない。意識の持続性、

つまり持続的な自己感覚である人格をもっていなければ、自己を保持することもできないし、自己自身を知る能力ももたなかったであろうし、役割対立も人格的なジレンマも、その行き詰まりを回避しようとする社会的起動力も存在しないことになる。

　持続的な自己感覚が、生活の経験と規範的期待の多様性を一つの人格に統一するために必然的なものであり、社会的なエイジェントと行為者の両者にとっての繋留点となる。持続する人格的アイデンティティは、エイジェンツと諸行為者の両方が変化を経験でき、社会的アイデンティティの変化を蓄積していくゆえにこそ本質的なものである。

　人間性が持続的な自己感覚をそなえることによって、我々の社会生活を形成するという貢献をしている。人格的アイデンティティと社会的アイデンティティの区別のみならず、人間性が社会性よりも先行的で原初的なものであり、社会的アイデンティティは人格的アイデンティティから創発したものであるとまで踏み込んで、アーチャーは主張している。

人間人格の相対的自律性と先行実在性および因果的効果性
　人間性そのものは社会的な贈り物ではなく、自己感覚は社会生活からは派生しえないものだと主張するために、アーチャーは三つの論証を行う。創発的諸階層を扱っているので、その論証は、社会的自己との関係における人間人格の相対的自律性と先行実在性および因果的効果性を立証することになる。

　1　人間人格の相対的自律性（relatively autonomous self）の論証としては、「統覚の超越論的統一（Transcendental Unity of Apperception）」と名づけたⅠ．カントの擁護にある。経験そのものを秩序づけるためのア・プリオリな条件を表し、カテゴリーの身元保証人として現実的に機能するものである。経験された現象の流れのなかから、持続する事物の世界を保証する証拠となるべき必要条件としての実在が超越論的に確立されている。

　けれども、É．デュルケームはその必要条件の由来への経験的な問いに答えようと企図することから、自己感覚を社会的な遺産だと宣言すること

によって「社会的事実」とみなし、その「社会的起源」をカント的に定言的とみなすことで、人間の思考全体にとって自己感覚、超越論的統覚が本質的なものになり、人間精神の能力を社会的な内容と混同することが生じている。また、類似性の感覚が分類の理念に対して必然的に優先的であるとの批判に対しての、デュルケームの「類似性の感覚はある一つのものであり、分類の理念はもう一つ別のものである」(2) という議論は、何ら役立っていない。次に、分類化とそのカテゴリーの実在を諸人格の概念作用の社会的バリエーションとみなそうとしても、そのカテゴリーの権威は政治的またはイデオロギー的には偶然的なものであり、カント的なカテゴリーとは異なるものである。さらに、人間の思考に対する権威を「社会的なもの」に与えることは、社会が人間の思考の可能性にとって本質的なものとみなしている。だが、社会はそのような卓越性（primacy）を享受しえない。人間存在は差異化されていない世界に生まれるのであり、だからこそ、最初の課題は対象を差異化することでなければならない。社会的対象を区別することは、区別を行う一般的な人間的能力の属性ではありえず、単なるその能力の派生物だということである。

　2　人間人格の先行実在性の論証としては、我々の人間性が社会の贈り物と理解することを防ぐものである。人格として同一化するうえで関連づけられる、人類種（the human species）としての存在である身体という発生的性格は、どんな任意の所与の時点においても、必然的に前社会的なものである。ホモ・サピエンス（英知をもつ存在）は、社会のすり込みには還元できないものなのである。カントの「統覚の超越論的統一」は、諸経験を一つの意識の部分として連結させるために、空間と時間を通じた身体的な連続性を要請するが、その身体への関連づけは、身体的還元への譲歩を含意していない。なぜなら、人格は必然的に物質的概念ではないから、人格には身体を超越するような別の意味がある。単なる身体的または精神的な持続体は人格を定義するには不十分であり、人格的なものに、社会的な用語で解釈することのできない「身体プラス意識の持続性」を扱っている。

　非社会的なものであるような人格の性質には、動物の身体への必然的な

関連づけをともなうし、その諸性質はホモ・サピエンスの実在的な本質を構成するものだが、この身体が人格を構成するわけではない。それは、誰が人格になりうるかを規定し、そのような人々がなにをなしうるかを制約する。人間を自然的な種としてみることは、人々のアイデンティティについての規約主義的な見方に反対することになる。「誰が」への応答は、人類の発生的能力への関連づけによって与えられ、仮構的な「見た目の近似」やロボットのような機能的な「行動の近似」を排除する。

　身体化されている意識の持続性は、記憶の規準にのみ依存していることはなく、自然の種における身体化は、アイデンティティの変化についての考察を現実の世界で可能なものにする。自然種としてのホモ・サピエンスの能力は社会のなかでのみ活動できるとしても、社会には帰属させることのできないものであり、むしろ人間存在は、社会的に影響を受けるためにも、言語の習得、計算や道具の作成にあたって、特殊な身体的構成をもっていなければならない。

　生物学的なものが社会的に媒介されている子育ての事例でも、媒介されたものは生物学的なものではないことを意味するわけではないし、身体的なものが付随現象的なものになることを意味してもいない。社会生物学が階層性と創発性についての実在論的な諸原理を考慮に入れるならば、価値ある利点をつくりだすことができる。階層性と創発性の発展を保証しているものは、人類種の一員であることにある。人類種の先行実在性、この基礎的な人間的必要（欲望や服従や他の欲求状態とは区別される、人間の自然のゆえに、繁栄のためにもたないわけにはいかない必要）という参照点が、人格性をそこなうことなく、人間的潜在的諸力についてある制約を課す。人間的な範疇の源泉でもある人間的潜在力の一つとして、ホモ・サピエンスは、動物状態を超えることに成功した想像力（an imagination）をもっていることにある。この創造性（this creativity）の含意は、人間存在は新しい社会諸形態を構想するユニークな潜在力（the unique potential to conceive of new social forms）をもっているということである。

　身体のほとんどの側面が前社会的なのだから、発生的な「種としての存

在（species being）」の先行実在性（pre-existence）が容認されるとしても、人格は自然的であることが第一で、社会的であることは二の次を意味するわけではない。社会と人間を合体させる議論と社会的なものに特権を与える議論を拒否する必要性は、前社会的なもの（身体）に大きな余地を認めるためではなくて、我々を誰かにあるいはなにかにつくりあげるうえで社会外的なもの（想像力、創造性）に余地を与えるためである。アーチャーの最後の関心は、社会的諸関係としては理解されることのできない人間的諸関係が、社会的な性格をもつ人々に影響を与えるものであるから、その人間的諸関係の因果的効果を確定することにある。

　3　人格的アイデンティティを定義するためには、身体プラス意識の持続性として、誰が自己をもっているのか、誰が世界内持続存在をもっているのか、という問題だけではなく、世界内のなにを彼らが意識するのかという問いをも提出する。なにを記録できるかが、我々が何であるかをつくりあげることに役立つからである。

　自己感覚が、社会的行為や社会的責任の認識にとっても、ア・プリオリであると論じ、自己と社会との間に裂け目が導入されていたが、アーチャーは、自己が感覚する事柄は社会を通じてのみ媒介されるものではないと論ずることによって、この裂け目を拡げようとする。

　人格的アイデンティティの完成は世界のなかで起こるが、実在そのものの三重の性質が、社会を過大に特権化することも、過少に貶めることも許さない。社会は人類種の自然な環境であるが、このことは自然的実在あるいは超越論的実在の真実でもある。非社会的実在をそなえた非社会的諸関係をもつことが可能であることは、我々の意識の一部としての非社会的諸関係が人格としての一部でもあり、社会の特権化（ヘゲモニー）を否定することにつながる。我々は無差別的な対象からなる世界のなかに生まれるが、我々が身体化されていることから生じる必然性として、次第に非社会的なものから社会的なものをより分けることを学ばなければならない。区別を学ぶための人間的能力だけでなく、区別による生存の持続性のために、自然の他者性との直接の相互行為が、社会的な他者を区別できるよりも必

然的に優先するから、生存にとっては、対象／人々の区別は獲得されたものである。

非社会的実在性との必然的関係性

動物としての身体的必要は、事物との直接的な関係を要請する。生存は、これらの規則的に経験されるものに依存している。身体的必要の基礎が生理学的なものである経験は、最初は生存についての社会的定義を待つことはできない。ましてや非常に複雑で間接的な過程の、社会的に媒介されている認識を待つこともできない。

生存にとって、最初は、自然の他者性との直接の相互行為が、社会的な他者を区別できるようになるよりも必然的に優先する。自己意識の観念は、自然環境との社会外的な必然的交換において与えられうる。生存が諸事物との関係に依存しており、どの対象がなにを供給してくれるのかを定義しながら、相互作用を通じて、自己をこの世界から境界づけるようにすることから、この交換は、物質的な世界のなかでの持続的実践的活動に関与している。この考え方の優位性の一つは、失語症や自閉症や記憶喪失の人々、その他誰であれ、人格に優先する社会性の資格を求めたりしないことにある。

我々が非社会的実在性についての非社会的な経験をもつことができるだけでなく、人生の最初の日からもっていなければならない関係は、「人間の諸観念の間の関係」には還元できない。物質的な世界の環境についての累積的な経験は、後に追求しあるいは避けるようになる社会的実践をふるいにかける性向や能力や嫌悪感などを育成し、すでに人格としてあるような何物かのゆえに、我々が引き受ける社会的アイデンティティを育成する。

＜人格的アイデンティティと社会的アイデンティティ＞

人格的アイデンティティと社会的アイデンティティを完全に互換的なものとして扱う理論家は多くはないだろう。つまり、社会的原因と統合する自己との間の区別は、正しいだけでなく必然的である。

人格的アイデンティティと社会的アイデンティティの間に裂け目がある
とすれば、私的な意識と公的な性格が同じではないことは、私的な意識が
公的性格について反省する余地を開くことになり、私的意識はどんな社会
的関与を是認すべきか反省する。その反省は、社会的関与がその者が欲し
ている人格を公的に表現しているのか、人格的統合を脅かすがゆえに採用
されないのか、という理由にもとづいて行われる。

　社会的なものへの拒否を強くしたり、社会的アイデンティティに貢献す
るような自己が存在しうるのは、社会外的な空間、私事さらには自然的実
在および超越論的実在との個人的関係の内奥において生起することに、承
認が与えられるときのみである。とはいえ、社会的実在は人格的アイデン
ティティの発展におけるパートナーであり、過小に貶められてはならない。

　人格的アイデンティティと社会的アイデンティティとの間の橋が、「エ
イジェンシー」という概念によって設置された。社会の条件づけ的な影響
力が、誕生のときから分け与えられている客観的なライフ・チャンスを通
じて作用することで、我々の非主意主義的に集団化される集合体が、我々
が主意主義的にそれになることが制約され、また可能ともされる「社会的
行為者たち」に影響を与えるからである。しかし、誰かが社会的行為者へ
の転成を、ランダムでも規則的でもなく、なし遂げなければならない。

　人間存在とその能力を社会的存在と合成しないことが本質的に重要であ
る。つまり、人間存在と社会的存在の結びつきのなかで、社会の役割配列
を恒常的にエラボレートすることにより、時間を通して社会的に可能であ
るものを形態転換させていく者が社会的存在なのである。「なるべきなに
が存在しているか（what there is to become）」という問いは、どのようにし
て、社会の形態転換が、社会的アイデンティティをも同時に形態転換する
のかという形態生成論的な考え方を要請することになる。

　本質的な三つに分かれた世界（自然的、社会的、超越論的実在の世界）
において、自然環境の使用か濫用か、相互間の互いへの関心のなかで生き
るのか競争的抗争のなかで生きるのか、他者性（超越的なもの）の承認か
拒否か、といった我々の選択は、あらゆる時代を通じて持続的な社会を形

成する諸過程、つまり、状況の組み合わせ、さまざまな選択とその帰結による過程は、形態生成と呼ばれている。

4 二重の形態生成（エイジェンシー）

＜社会的世界の階層化モデル＞

　社会的世界は相対的持続性の発展を証明する創発的諸性質や諸力によって階層化されており、創発性そのものによって必然化される、人々の階層化されたモデル（ＰＥＰｓ）を含んだ、社会構造の階層化モデル（ＳＥＰｓ、ＣＥＰｓ）として表現される。

　分析的二元論を理解するのに役立つ図６－４－１の左側には、「システム統合」という表題のもとに、「システム統合」の相異なるレベルが、異なるＳＥＰｓとＣＥＰｓの創発的諸性質に従って表示され、同じ区別として右側に相異なるＰＥＰｓが表現されている。「社会統合」の相異なるレベルは、「システム統合」の諸力から切り離されているわけではない。二つの統合の各レベルは、相異なる時間の連続的な広がりを交差するように局面化されているのだから分離可能なのだけれども、「二重の形態生成」において絡まりあっている。

統合の交差する局面の階層化

　二つの統合が絡まる局面において、エイジェンシーは、構造を再生産し形態転換しようと努める過程で、新しい創発的力を獲得しつつ、形態転換を経験する。このような構造的かつ文化的な闘争において、集合体が原初的エイジェンツから促進的な利害集団へと形態転換するにつれて、その意識が向上していくことになる。

　行為者たちが目的の方向にそって自分たちの役割を人格化するにつれて、社会的自己が再構成される。そして、制度的諸利害の促進や防衛のための戦略的な行為の進行のなかで、制度的諸利害が目標の再組織化と表明

図6-4-1 社会理論における分析的二元論

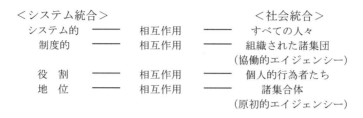

のやり直しを促進するにつれて、協働的エイジェンシーが再定義される。以上の過程のすべては、「システム統合」の全般的状況によって強化されたり抑制されたりする。「システム統合」の不協和はエイジェンシーの形態転換の潜在的可能性の実現を促進し、その整合的一貫性は不協和を抑制する。したがって、認知能力あるいは「言説的洞察力」における差異は、「社会統合」のあらゆるレベルを特徴づけるものである。

協働的エイジェンシーの創発的力

　分析的二元論による構造的かつ文化的な形態転換あるいは再生産の説明力は、自己同一的過程の重要部分である構造とエイジェンシーの二重の形態生成／安定を扱っているという認識にかかっており、「諸部分」と「人々」の双方の階層化された創発的力を承認することによって、両者の間の相互作用を検証する。

　配分的で先行的な集団化は、どうして、ある集団が他の集団に対して大きな影響力をもつよりよい位置になるのか、また、さまざまな集合体にとって、どのようにして、特定の役割が差別化されたかたちで入手可能になるのか、さらに、どのようにして、なぜ協働的エイジェンツが構造的な形態を定義し再定義するうえでより効果的なのか、についても説明する理論的手段を得る。なぜなら、協働的エイジェンツこそが、システム的な断層帯（不協和）が公然と裂けてしまうのか（その場合、形態生成的な構造的

または文化的なエラボレーションが導かれる）、それとも抑制されるのか（その場合、構造的または文化的な形態安定が再生産される）を決定する鍵をなす結び目となっているからである。

原初的エイジェンシーと協働的エイジェンシーの関係性

エイジェンシーは、一つの創発的な階層として、それ自身に固有の力をもっている。その創発的な力は共有する利害を表明し、集合的行為を組織化し、社会運動を起こすような、意思決定における協働的影響力を行使する能力である。

協働的エイジェンシーは、協働的相互行為の創発的帰結として、すべての行為者にとってのコンテクストを形成する。このコンテクストのなかに原初的なエイジェンシーは棲息して、協働的エイジェンシーが制御しようとする環境をも構成しており、協働的エイジェンシーの利害に影響を与えるような集合的な環境的圧力のある趨勢やさまざまな問題を引き起こす。協働的エイジェンシーは、先行する社会的コンテクストにおいて定義され、自己－宣言された諸目標を追求すること、および、直面するコンテクストへの原初的エイジェンシーの反応によって変更された環境のなかで、目標を継続的に追求すること、という二つの課題をもつ。この過程は、システム的なレベルでは、相互行為の帰結に依存して形態安定と形態生成のいずれにも結果する。だが、社会的相互行為は単独のメカニズムだから、その相互行為の過程でなにが起こるかによって、エイジェンシーそれ自身の形態安定か形態生成かが決定される。つまり、社会システムを維持しまたは形態転換させようとする意図において、エイジェンシーが協働的エイジェンツと原初的エイジェンツそのもののカテゴリーを維持あるいは形態転換することへと引き込まれていく過程こそが、二重の形態生成である。

＜エイジェンツ＞

エイジェンツは、社会－文化的システムのエイジェンツであり、同じ地位または諸状況におかれて、内的で必然的な同じ「ライフ・チャンス」を

共有する諸集団または諸集合体（collectivities）であって、形態転換の過程で自らが改変されるために、システム的な特性をもつエイジェンツとして定義されることが、エイジェンシーの形態生成についての考え方である。そして、ライフ・チャンスが決まる資源の主要な配分は、資産所有者と非所有者との間の、権力所持者と非所持者との間の、差別者と被差別者との間の、諸集合体の間の関係に依存しているし、他のＳＥＰｓ（たとえば、所有または政治的組織化の諸形態）やＣＥＰｓ（たとえば、教育の諸形態またはエスニックなカテゴリー）との相互依存関係も、一層必然的に伴っている。静止的な人工物でもなく、実体化された存在でもないエイジェンツを創発的なもの（emergents）として認識することは、時間経過のなかにおける、それらの構造化された社会的諸集団との内的で必然的な関係を承認することであり、数世紀に及ぶかもしれない相互行為のドラマは、相異なるライフ・チャンスを異なる諸集合体に配分する「社会的階層化」の物語であり、集団形成ならびにその再形成という単純なものである。

　単数形の社会的エイジェント（a social Agent）は一つの集団または集合体であり、同じく単数形である「社会的行為者」と「人間存在」がある種の行いをなすときには一人のエイジェント（an Agent）であるが、「人間存在」の行いの多くのものは、エイジェントとはなんらの関係もない。また、すべての人々ではないが、人々に関連させている社会的エイジェンツ（social agents）は複数形でのみ使用される。集合体の成員であること、ライフ・チャンスを共有していることが、エイジェンツ（agents）を実在的にする。なぜなら、人間性という概念を覆い尽くしてしまうことはないが、なんらの構成物でもなく、社会的役割の担い手としてのホモ・ソシオロジクスでもないエイジェンシー（agency）は、実在的な人間存在の行いすべてではないが、実在的な人々による実在的な行為を含んでいるからである。

原初的エイジェンツと協働的エイジェンツの差異

　すべての者は社会　文化的なシステムのなかに生まれ、安定または変化に対する効果をもつがゆえに、先行的な社会的コンテクストが、同じ地位

にある集合体（主要な制度に対する同じライフ・チャンスをそなえた人々）を区画する。エイジェンツの社会生活の決定的な特徴として、規則は利害が存在しているところまで単純に拡張できないため、利害関心の追求は規則支配的ではなく、むしろ利害支配的であるということである。原初的利害の領域において、エイジェンツがいかに革新的にやっていくのかということが、特殊化する規則を社会の特徴にまで拡張することを促す。

　意思決定の舞台への登場のような、どの所与の時点でも効果的な発言を欠いているような原初的エイジェンツ（primary　agents）は、構造または文化のモデル化や再モデル化において利害を表現したり、戦略的に関与するために組織化することもないけれども、彼らは依然として社会的エイジェンツである。なぜなら、発言なしの集合体は自らのコンテクストにすでに反作用し応答しており、類似の状況におかれている者たちからの反応の類似性は有力で、しかも意図せざる集合的効果を生み出しうることが、すべての者をエイジェントたらしめるからである。また、時間経過のなかで可動的だから、特殊な時点における、ある領域において原初的エイジェントも、別の領域では協働的エイジェントであるかもしれない。

　集合的な組織化と目的表明を欠いている原初的なエイジェンツは、活動への無能力の一種だと考えられない点が重要である。エイジェント的な力の行使を一時停止、あるいは意図的に一時停止している受動性は、集合体相互間の関係によってのみ理解できる。

　これに対し、効果的な発言である意思決定の舞台への登場の可能性があることは、協働的エイジェンツ（corporate　agents）の特権であるが、原初的エイジェンツとの間の決定的区別となる。特定の結果をもたらそうと意図する社会的な主体である協働的エイジェンツは、諸個人の自己－利害の総和としては説明できない仕方で、戦略的に、他のエイジェンツと相互行為する。利害の表明により組織化された、利害諸集団である協働的エイジェンツは、システム的な安定性と変化に関しては、特別な効果的な影響力をもつ。なぜなら、なにを欲しているのか、それを獲得するために組織した者たちだけが、構造的または文化的な特性を再形成し保持しようとする

協調した行為に関与できるからで、社会的に自覚的で意識的な既得利害集団あるいは利害促進集団、社会的運動と防衛的連合体とを含んでいる。

＜原初的エイジェンツと協働的エイジェンツの関係性＞

形態安定のシナリオ：構造的ならびに文化的なエリートたちの混合の理由

形態安定は、協働的エイジェンツと原初的エイジェンツとの分離という観念を要請し、先行的な集団化が、相互行為の間ずっと維持されていく説明を要請する。形態生成は、相互行為の過程において、協働的エイジェンツと原初的エイジェンツが再集団化されるのかの説明を要請する。

完全な形態安定のシナリオにおいては、協働的ならびに原初的エイジェンツの二つのタイプは、相互に相手から区画され、長期に継続する。住民を原初的な状態に封じ込めている、二つの協働的エイジェンツを有するシステムのような極端なケースが生じるのは、構造的な形態安定と文化的な形態安定との連接が存在するところである。一方の構造的領域では、エリートたちの社会的組織の一枚岩的な形態と、諸資源の強力な中央集権化とを意味しており、反対派の結集を妨げる原初的エイジェンツの服従は、構造が永続することを許すことになる。他方の文化的領域では、ヘゲモニー的な観念が原初的なエイジェンツの集合体のなかに再生産することができていて、社会における文化的統一性の高いレベルを維持できる文化的な支配集団が存在する。こうした構造と文化の領域の間の相互の影響関係は現状を強化し、協働的エイジェンツと原初的エイジェンツとの間の分離を永続化させる。

ここにおいて、先行する社会的コンテクストのなかで決定されている、構造的ならびに文化的なエリートたちの協働的エイジェンツは、なぜ、団結を維持し、合意し、増強し、しはしば混合する点にまで進むのか、ということである。形態安定的な編成体において重要なことは、エリートたちもまた観念的な、あるいは組織的な選択肢の不在に拘束されていることから、構造的エリートは通用しているただ一つの文化的言説にとらわれてお

り、文化的エリートはその時代の社会的組織化の独占的権力構造に編み込まれている。二種のエリートたちは、一緒に住むこと以外には直接的な選択肢をもっていないため、共住を継続させることに一切の利害関心を向けている。

　原初的エイジェンツの統一化された住民のなかにおける諸観念の安定的再生産を通じた文化的形態安定は、構造維持に向けた指導的な観念的環境を生み出すし、周辺部の統制と原初的エイジェンツの大衆の服従による構造的な形態安定は、文化的維持に多大な貢献を行うことになる。受け取る利得について互いに認知しているがゆえに、役割を連結させ人員を交換し合うことによって、構造と文化の重なり合いに近似していく。

　文化的伝統主義と構造的支配の存在するところでは、協働的エイジェンシーは凝固していく傾向をもつ。単一の集団として、より大きな社会的参加に向けた態度と機会とを統制することによって、原初的エイジェンツを操作する力を増大させる。

協働的エイジェンツへの増殖抑圧のメカニズム

　諸観念ないし諸利害の表現と、それらの追求のための組織の獲得は、協働的エイジェンツの本質的な性質である。だが、形態安定的な結びつきの影響力を通じて、協働的エイジェンツが増殖するのを抑圧するメカニズムは明らかである。

　原初的エイジェンツにとって利用可能な文化的諸観念の蓄積は同質的である。この領域における唯一の協働的エイジェントである文化的エリートが、時間経過において安定的な観念体系を再生産することによって、統一された住民をつくりだそうと働いているため、原初的エイジェンツは合意形成の教導的な権力の犠牲者かもしれない。これと並行して、社会構造はなんらの発展した周辺的な諸集団も、脱魔術化を刺激するほどの組織化をそなえた反抗者たちをも含んでいない。服従とは、文化的な総合体に挑戦できる差異化された利害集団が存在しないということであり、構造と文化の二つの領域の間の交差の両側から、原初的エイジェンツを新しい形態の

協働的エイジェンシーに形態転換させるための原材料（組織化された利害集団と表明された観念的選択肢）がもたらされることがない。

　原子的に反作用だけはできる原初的行為者たちの反感をもった反作用は、孤独な反逆に制限されており、原初的エイジェンシーのシステム的な効果は、人口学的なものであるが、そのことが、協働的エイジェンツの形態安定という目標にとって、問題を生み出しうる。原初的エイジェンツの数の圧力が、安定を確保しようとする協働の政策を呼び起こすほど環境問題となりうるのである。しかも、それらの政策も、究極的には変化をもたらすことになる。たとえば、人口問題の解決としての奴隷制度と征服は、集団の差異化と文化的多様化をも生み出すが、ただこのような変化は短期でも数世紀は続くことがある。

形態生成のシナリオ
　形態生成のシナリオは、協働的エイジェンツの数の、人々の漸進的拡大であり、諸利害の多様化であり、それらの間の実質的な抗争が結果として現れるということである。このシナリオは、形態安定の経緯と同じ仕方で、先行する社会－文化的コンテクストにおいて、自己－意識的な既得利害諸集団において始まる。そこでは、有利な状況を生み出した構造的－文化的システムの現状を引き延ばすようにして、利得を防護しようとする。固定資産の防護よりも蓄積の実践としての既得利害の追求を眼目として、社会的差異化と観念的な多様化を進める既得利害集団の防衛戦略は、自らと異なる物質的および観念的両方の促進的利害集団の形成を刺激する。

　協働的エイジェンツの数を拡大し、それらの関係の性質を変化させるこの過程は、構造的ならびに文化的な領域における形態安定と形態生成との乖離によって著しく加速される。システム的または制度的構造を異なる方向へと押したり引いたりする協働的エイジェンツの複数の共存は、原初的エイジェンツのコンテクストの再形成や自らを見出す状況をつくり直す効果をもっている。協働的エイジェンシーはもはや合意形成的ではなく、集合的な対抗的反作用もまた、新しい協働的エイジェンツの形態をとるので、

図6－4－2　形態生成の経過における協働的および原初的エイジェンシー

<u>　諸集団の社会－文化的条件づけ　</u>
T¹　（協働的エイジェンシーと
　　　　原初的エイジェンシー）
　　　　　　　　　<u>　　　集団的相互行為　　　</u>
　　　　　　　T²　（協働的エイジェンツと　　　T³
　　　　　　　原初的エイジェンツの間の）
　　　　　　　　　　　　　<u>　集団のエフボレーション　</u>
　　　　　　　　　　　　　（協働的エイジェンツの増大）　T¹

いっそう複雑化した相互行為が生じる。

　この全体的過程の複雑性を、10個の基本的な命題で、形態生成サイクルの三つの局面に対応させている。

①　すべてのエイジェンツが同じではなく、構造的ならびに文化的諸性質の最初の配分が協働的エイジェンツを区画づけ、それらを原初的エイジェンツから区別する。

②　協働的エイジェンツは社会－文化システムとその制度的諸部分を維持し／再モデル化するが、原初的エイジェンツはそれらの内部で働く。

③　すべてのエイジェンツは、先行的相互行為の効果のゆえに、等しい認知能力をもってはいない。

④　すべての変化が、エイジェンツの状況における変更によって媒介されている。協働的エイジェンツが原初的エイジェンツのコンテクストを変更し、原初的エイジェンツは協働的エイジェンツの環境を変更する。

⑤　協働的エイジェンツと原初的エイジェンツのカテゴリーが、時間経過のなかで、社会的安定または変化を追求する相互行為によって再定義される。

⑥　協働的エイジェンツと原初的エイジェンツの行為は相互に制約しかつ可能にする。

⑦　原初的エイジェンツの行為は、制度的コンテクストへの関わり具合

に応じて、原子的反作用や非協同的共通行為（uncoordinated co-action）、または連帯的相互行為を構成する。

⑧　協働的エイジェンツの相互行為は創発的性質を生成するのに対して、原初的エイジェンツの行為は集合的効果を生み出す。

⑨　社会的エイジェンシーの全体的または部分的な社会的エラボレーションは、原初的エイジェンツが協働的エイジェンツへと協働しながら形態転換して、原初的エイジェンツのカテゴリーを縮小しつつ、協働的エイジェンツのカテゴリーを拡大させる。

⑩　社会的変化は、協働的エイジェンツによって生成された創発的諸性質と結合しつつ、原初的エイジェンツが産出した集合的諸効果の結果であるが、その結果は、誰かが欲したものと近似することはない。

【教育発展の事例】

　教育の発展という最も基礎的なところでは、準備財（provision）と参加者の増大の二つの事柄を含んでいる。準備財の性質は協働的行為から結果するが、拡大は原初的行為者たちの参入に依存しているので、二つのタイプのエイジェンシーの間の相互作用を例証することになる。相互行為の筋道は、大量の人員の組み込みとともに国家システムに通じているが、三つの局面を通じて、教育の再構築と教育的エイジェンツの再定義が進むということである。

［命題①の論点］

　ⓐ　物語は形態安定から始まる。中世ヨーロッパにおける教育に対する教会支配の教育投資は、制度的エリートの要求に仕えるので準備財は小さかった。教育を支配する単一の既得利害集団による一切の準備財の私的所有制は、社会の他の人々を原初的エイジェンツのまま放置してきた。

第1局面：協働的競争と原子的な原初的行為

協働的エイジェンシー

教育の変化は、独占的な統制権をもっていた教会の支配に挑戦しはじめた諸集団に起因しており、そのエイジェンシーの形態生成は、新しい協働的行為者たちの合同から始まる。

［命題①の論点］

ⓑ　教会の既得利害追求は、社会の別のところで規定された諸集団の目的と作用に、否定的な影響を与える。たとえば、19世紀のイギリスでは、体制への反対者（企業家）たちにとって、教会と封建権力への不満が鬱積されるという経験において、諸資源の最初の配分は、新しい協働的エイジェンツの創発を強力に条件づけている。

［命題②の論点］

ⓒ　協働的エイジェンツの創発は、社会的親縁性と敵対性とによって影響を受け、どんな協働的エイジェントも、目標引き下げとイデオロギー的な妥協による同盟形成から生まれる結果である。

ⓓ　現状を維持する人々と作り直しを目指す人々との敵対作用は、支配的な既得利害集団が反撃するので、新しい協働的自己主張集団はさらに激しく闘わなければならないため、引き延ばされる。

ⓔ　国家的な教育システムの創発が生ずる以前の、準備財の新しいネットワークが築き上げられ拡大されるにつれ、古いネットワークの協働的エイジェンツとの間の競争的な抗争は、原初的エイジェンツの環境、選択肢、情報と性向を変更させていき、学校通学制度への推進力となった。

原初的エイジェンシー

国家システムの創発を導く時期には、協働的諸集団によって供給された準備財に向かい合うことで、つまみ食い的な選択履修方式で対応しなければならなかった原初的エイジェンツのあり様により、協働的エイジェンシ

ーの促進的利害関心は反省させられることになった。

［命題③の論点］

ⓕ　協働的エイジェンツによって調達され、操作され、形作られていた
ため、原初的エイジェンツのもてる情報は、どんな教育が可能なのかに
ついての理解が歪められていた。

［命題④の論点］

ⓖ　協働的な諸集団が発展してくると、教会的な偏向を攻撃する一方で、
彼ら自身の偏向（古典経済学、異教的信念、世俗的合理主義、帝国主義的
民族主義、民衆的文化闘争など）をそなえた教育を提供した。協働的エイ
ジェンツの間の競争の効果は、教育的論争を拡大することであり、民衆的
な議題に載せることであった。協働的エイジェンツが抗争に巻き込まれる
につれて、生徒の出席を懇願しなければならなくなり、教育メニューを多
様化することになり、協働する集団が原初的エイジェンツの気質上の傾向
性への譲歩に依存するようになった。

ⓗ　教育への動員は、少数者の囲い込み地としての地位を破壊し、教導
の定義について誰も深く考えることをしない正当性を破壊した。協働的エ
イジェンツは、原初的エイジェンツのコンテクストを変更していったと同
時に、原初的エイジェンツの気質と学習が、協働的エイジェンツの環境を
形態転換していった。

［命題⑤の論点］

ⓘ　最も重要な指標は、住民の新たなセクションが利用可能な選択肢を
拒否し、異なる教導の定義を推し進める協働的エイジェンツ（たとえば、
イギリスのチャーチストたちや、デンマークの民衆ハイ・スクール運動）
へと、自分自身を形態転換させはじめたことである。

ⓙ　新しい協働的エイジェンツは、協働的抗争の本流に合流し、新しい
制度を追加していき、そのコンテクストをつくり直していった。さらに、
原初的エイジェンシーに対して、教育は支配集団に定義されたものとは異
なるものでありうるという見通しを与えた。

ⓚ　協働的と原初的のカテゴリーは、国家的教育システムのエラボレー

ションを推し進める第一局面を通じて、根本的な再定義を受けることになった。

第2局面：協働的交渉と原初的共同行為

　相互行為の連鎖からの国家的教育システムの創発とともに、協働的エイジェンツ間の交渉の三つのタイプが働きはじめ、主要な過程だった競争的抗争を一掃した。つまり、学校の私的な所有制が教育の公共的な統制に取って代わったときに、協働的エイジェンツ間の競争から交渉へと移行した。

［命題⑥〜⑧の論点］

　ⓛ　協働的エイジェンツが意思決定に公的に巻き込まれることで、教育的影響力の拡張による政治的責任性という事実、公的な基金が教育サービスの多様化を生むという事実、サービスの多様化が社会の広い制度的部門に受けとめられ、多くの協働的エイジェンツが利害関係をもつようになるという事実、これらの事実が交渉をもたらし、国家と競争することは不可能であり、協働的エイジェンツ間の競争は排除された。

　ⓜ　国家システムの創発の結果、原初的行為の非システム的で個人的な性質は、同じ地位、同じやり方で行為する諸集団の共通行為に移行する。つまり、類似の地位におかれた人々の反応の類似性は、協働的エイジェンシーが原初的共通行為と取り組まなければならない集合的効果を生み出す。この局面は、原初的エイジェンツがそのなかで集合的効果を生み出す創発的システムを、協働的エイジェンツがどのようにして形成するのかを説明する。

協働的エイジェンシー

［命題⑥の論点］

　国家システムの出現とともに、交渉の三つの過程のすべてが、協働的エイジェンツの諸活動を通じて、促進し拡張される。

　ⓝ　システムの外部の促進的利害諸集団が、新しい／追加的なサービスを得るために、国家的教育システムと直接に交渉する外的な折衝（External

Transactions）は、特に、卒業者たちが他の社会的制度に加わる前の時点までに、いっそう多様化された準備財を導いていった。こうして、外的折衝は、さまざまな特殊化した職業的コースをもたらしていった。

　ⓞ　内的伝授（Internal Initiation）は、教師たちによって導入される内生的な変化を表現している。彼らの専門職的な質的高度化の追求は、より長期の学校化をもたらした。

　ⓟ　政治的操作（Political Manipulation）は、政治的権威による変化に向けた協働的集団の交渉を意味しており、教育システムへのアクセスを拡大することによって、最大の影響力をもっていた。外的折衝と内的伝授が、富裕な協働的集団か専門職者たちだけに制限された交渉の特権的チャンネルとすれば、政治的操作は、その他のすべての者にとっての唯一の手段である。

　既存の教育システムを攻撃した人々は、比較的低階層の社会－経済的な集団を代表する協働的エイジェンツ（労働組合や政治的諸政党、圧力集団）であったが、20 世紀には、これらの要求はある単一のテーマ（教育機会の平等）になっていった。高い成長率を生み出した協働的行為の原因は、交渉の三つの過程が同時に行われ、効果が互いに強化し合ったことである。こうして、原初的エイジェンツが学生化することを可能にした。

原初的エイジェンツ
［命題⑦の論点］

　原初的行為から共通行為への変化は、初歩的レベルにおける普遍的学生化の帰結である。こうして、類似の状況におかれた者たちから生じる共通行為が集合的な効果を生み出していく。

　ⓠ　原初的エイジェンツは、システムを意図的に変化させようと試みているわけではない。彼らの反応は協同化されてはいないが、彼らの応答の総計は協働的エイジェンツを制約しかつ可能にする。協働的エイジェンシーによって規定された制度的コンテクストと原初的行為によって提示された環境との相互作用が、フィードバック回路を構成する。

ⓡ　協働的影響力も原初的影響力も、拡張主義的である。その影響力とは、学校により長くとどまることに現れている。協働的集団はシステムの構造を変化させようと働くが、原初的エイジェンツはその内部で働く。原初的エイジェンツの志向性はより長くとどまること、あるいは利用可能なものを増大させようとするため、共通行為の集合的効果は階級のラインに従う。

　一方では、労働者階級の原初的エイジェンツはより長期の在学を望むが、その段階に到達する前に、基礎教育部門に位置づけられることによる結果は、基礎教育部門の水準を上昇させるように圧力を加えることになり、上昇圧力のような原初的行為は、中等教育が与えられるよりも前につかみ取った。だが、協働的エイジェンツは、それを下位の構造的回路に制限することを企図して、イギリスのセカンダリー・モダン・スクールやデンマークの非選抜中等学校、フランスの中等教育コレージュで対応した。他方では、主要なブルジョア的な中間階級の原初的エイジェンツは「最高」、つまり、大学院へと繋がる第三次（高等）教育を望んだ。

［命題⑧の論点］

　システムの成長に対する協働的ならびに原初的な影響力の両者は、相互に成長を促進するように影響し合うようになる。原初的共通行為が協働的エイジェンツの計画に制限を加え、参加の増大をもたらすようなフィードバック回路は、数による環境的圧力をともなって、協働的意思決定者たちに対面するようになる。

第3局面：協働的折衝と原初的相互行為

　協働的ならびに原初的な行為の相互的な影響力は、システムの方向づけなき成長の推進を強化し助成する。単純なサイバネティック・モデルを教育の制度に適用できないため、必然的な統制の中心を欠き、モニタリングの過程も矯正手段の導入も欠いている。

　教育の発展が不規則な成長として質的に特徴づけられるとすれば、その量的な同義語はインフレーションである。両者とも、協働的行為と原初的

行為との結合の意図せざる結果なのである。

協働的エイジェンシー

［命題⑨の論点］

　教育的事業が大規模になるにつれて、専門職者たち、外的利害諸集団、そして政治体が、再構築という手段を用いて、引っぱり合うことになった。

　ⓢ　専門職者たちにとっては、システムの規模が増大するにつれて、内的参加の余地も増大し、自主的な方向指示要求も増大していった。アカデミックな面での拡張にともなって、新しいコースや学科や専門性の増殖も含めて、新しい知識が大量に生み出されることになった。アカデミックな統制が創発するすることによって、新しい諸観念が、新しい教科や方法として学校へと降ろされることが可能になった。

　ⓣ　外的利害諸集団が知識産業の一部分となり、その研究と開発の諸部門が、大学のプロジェクトとからまりあうようになっていった協力関係は、高等教育に進出した新参者にとっては高コストを支払い、過大な期待をいだくが、専門職的な定義において、より質の低い新参者たちを生み出した。進歩的な学校化の結果は、利害集団が補正しようと望んだ熟練と高等教育の価値との間のミスマッチを露呈させてしまった。

　ⓤ　中央官庁は縮小、合理化や成長の規制を好んだが、政治的当局者は、機会や結果の平等または補償指導に対する要求を拒否せず、専門職の支援をともないながら、政治的操作を通じて圧力がかけられるというアンビヴァレンスにより、行政庁が効果的な規制を行うエイジェンシーとならなかったことが、システムの成長を導いた原因である。基本的には、原初的エイジェンツと、多くの部門が新しい協働的エイジェンツに向けて形態転換して成長していったからである。

原初的エイジェンシー

［命題⑪の論点］

　ⓥ　拡張するコンテクストは、原初的エイジェンツに、不利益を回避し

ようと一層長く在学させ、他の社会諸集団に対抗して利得を増大するために緩やかな集合的行為に参加させること、という二つの効果をもって、教育水準の膨張的なメカニズムを構成する。

Ⓦ　だが、システムの規模の増大は機会費用が再び変化し、負債が生じることを意味する。より長期の在学期間が利得をもたらすよりも、むしろ下のランクの早期の卒業は懲罰的な不利益をもたらす。

Ⓧ　その反対の集合的な効果も可能である。特定のレベルで多くの者が脱落すれば、インフレーションの原動力は断ち切られ、そのレベルへの参入は任意選択になるが、これに反する方向に作用するものは、原初的エイジェンツが、個人的な共通行為ではなく集合的相互行為にかかわるようになり、多くの部門が彼らを協働的エイジェンツに変えていく。

集合的相互行為は二つの大きな社会階級の相異なる学習から生じる。お互いに、その行為と支払いをインフォーマルにモニターすることで、戦略的決定を条件づける。中産階級は、上昇的な移動を規範とする人々に利得が渡ることを学んでいた。労働者階級の学習は立ち遅れたが、より長期の在学が本質的だと悟られた。だが、追加的な学校教育の実践的価値は、さらにもっと多くの教育への参入を課すことだと気づかされる。同時に、新しい協働的エイジェンツ（エスニック的、ジェンダー的、言語的な、そして障害をもつ人々の、集団の防衛的な連帯組織）が学んだことは、教育的利害を防衛するための発言権を得ることが組織化にもとづいており、組織がなければ、「最後の参入の法則」の集合的効果が、二重に社会的に不利な立場におかれた人々に過酷に降りかかるということである。

［命題⑩の論点］

結論として、教育の拡張の性格は、協働的エイジェンツと原初的エイジェンツとの結合の結果だったのであり、誰かが欲したようなものではなかった。

今日の大衆的な教育システムの拡大は、労働市場、マンパワー計画、原初的参加者の欲求や協働的エイジェンシーの規制とはなんの関係もない。このことは、初期の時代との対照関係をなす。第一局面では、協働的エイ

ジェンツは自らのネットワークを制御し、自分たちが欲することはなんでも獲得して、原初的エイジェンツに対しては、有利とみなした場合にだけ参入させた。第二局面では、供給と需要の強化が、協働的エイジェンツと原初的エイジェンツの多数派に有益であった。今日の段階は、確実な受益者はほとんどおらず、頼りになる支えがない点が、継続的な形態生成を保証している中身である。協働的エイジェンツはシステムの再モデル化への利害関心を、原初的エイジェンツはその内部で生存のために苦闘しているからである。創発的諸性質と集合的諸性質との混合された効果として変化が持続していく過程において、協働的エイジェンシーと原初的エイジェンシーは、相互作用を通じて、自分たちのカテゴリーそのものを継続的に再定義していく。

　方法論的には、このアプローチは社会的エイジェンシーのエラボレーションにとって一般的なことであり、エイジェンツそのものは、あらゆる形態と規模にあてはまる。

5　三重の形態生成（行為者たち）

社会的行為者

　社会的エイジェンシー（社会的活動誘発メカニズム及びそれによる能動的な活動性）を集合的な相互的関係、つまり再集団化を通じて再定義される集団や集合体の間の相互行為によってみることは、複数的な社会的エイジェント（the Social Agent）の概念が、単数的な社会的行為者（the Social Actor）の概念と同義ではない、ということである。

　社会的行為者については、どのようにして特殊な人格になり社会的自己としてのアイデンティティを獲得するのかという問題が最も重要であるため、次の創発的階層は、「三重の形態生成」によって創発する社会的行為者に関連する。三重の形態生成では、エイジェンシーが、相異なる社会的

役割を誰が占めるのかを、決定するのではなく条件づける。社会的役割の組み合わせは、生徒は教師を、店子は大家を必要とするなど、必然的で内的な関係をそなえており、資源と規則（たとえば、教材、敷地や建物、専門的知識、出席者たちと諸カリキュラム）との間の必然的で内的な関係を含んでいる。これらの関係は最小限の含意であるが、いくつかはなお別の関係（生徒の役割は義務的出席についての法的要請や、教育資金のための公的資源）にも依存している。さらに、役割は単独にではなく、組み合わせで作動する（教師、校長、学校評議会理事、教育局局長など）ため、必然的で内的な諸関係を内包しているが、さまざまな役割とその組み合わせは、規範的な期待がくい違ったり、資源要求の総計が予算の総額を超えるといった理由によって、ぶつかり合うかもしれないから、統合についての機能主義的な見方には類似性をもたない。

役割自身は、その占有者たちの性格に還元されえない創発的な性質をもっているため、行為者たちは役割の在籍者である。役割の創発的性質は、役割の先行実在性、時間経過の持続性、保持者の個人的な違いにもかかわらず持続する能力、役割のなかにある制約し可能にする相対的に自律的な力、占有されなければそれは失われるか捨て去られることがありうること、などによって立証できる。

社会的エイジェンシーという概念は、集合体の内部のあるいはその一部としての行為に関連するのだから、行為者たちを扱うためには必然的に不完全である。社会的アイデンティティ概念に到達するなら、社会的行為者をエイジェントとしての性質と関連づける必要がある。

自律的人間として、社会的行為者を「強力な能動主義者（strong actionists）」とみなす人たちは、社会的行為者を、前社会的な自己でもなく、社会的諸力の受動的な操り人形でもない、とみなす二つの問題点に遭遇する。だが、アダム（人間存在）を「至高の制作者」として示そうとするときに、アダムのエイジェントとしての部分が認識されているならば、回避できる。

楽園追放からの堕落以来、人間性の部分は、産科病棟のドアを通じて社会に入り、男／女、黒人／白人、外国人／現地人、中産階級／労働者階級

といった区分の特殊な集合体に属し、特権をあるいはその欠落を共有することによって、エイジェントという性質を獲得する。我々はいつでも社会階層のひとつのシステムのなかに生まれ落ち、「特権者」と「特権をもたない恵まれない人々」は、選択によって占める役割ではなく、非主意主義的に獲得する性質である地位とみなされる。なぜなら、役割におけるような規範的期待を特定化することなどは不可能だからである。社会の階層化のシステムは、その特殊な層位にともなう役割を生み出すかもしれないけれども、階層化に対しては偶然的なものであるから、階層システムの本質的な特性は、特定のライフ・チャンスをともなった地位の配分なのである。

　子どものエイジェントにとっては、成熟した行為者になる前に長い行程がある。しかし、その家系と社会的コンテクストに帰すべき生存を開始するエイジェントは、どんなタイプの行為者になるかを選びとっていくことに影響を与える。選択肢を獲得する機会費用は異なって配置されているため、このような差別的な費用支払いは、全役割系列の相異なる諸部分を最初に選択する際の理由と繋がっている。地位の最初の選択は訂正可能ではあるけれども、大きな修正には加増されたさまざまな費用がともなう。

　エイジェンツ（ライフ・チャンスを共有する集合体の人々）の最初の諸利害は、そのライフ・チャンスを通じて、行為の相異なるコースに向けた、選択のための制約と可能化という理由が作動する足場を提供する。エイジェンツは、特定の社会的行為者を決定づけてしまうわけではないが、多数派がなることができ、また実際になっていく社会的行為者を強力に条件づける。

　アーチャーは、利害が役割に投げ込まれる社会的行為者ではなく、エイジェントとしてのアダムが、行為者としてのアダムに、社会的地位を受け入れるための合理的な利害を供給することから、役割を能動的に制作する集合体としての社会的エイジェンツに利害を帰属させることにもとづき、役割―規則のセットという考え方に反論する。アーチャーの前提である「強力な能動主義（strong actionism）」は、両者を所与のものとみなすけれども、すべてを包括するものとして説明したり扱ったりはしない。そうすること

は、行為者たちを規範的規約主義へと追い込み、「制作者」としての革新的な性格を制限することになるからである。こうして、社会的エイジェンシーを促進的な再集団化という観点と結びつけることが必要となる。役割衝突以外のなにか他のものから、新しい地位／役割が説明されるのに手がかりを与えるとともに、規則支配的な規範的慣習によって制限されない行為を説明する手がかりを与えるからである。社会的行為者の多くの者たちは規則に支配されるのに対して、社会的エイジェンツは制限されることはない。

　社会的エイジェンツ

　今や、二つのことが強調される。第一に、社会的エイジェンツとしての諸集団や諸集合体は、役割に関連した問題ではなくて利害に関連した問題に立ち向かう。第二に、問題に取り組むときの、社会的エイジェンツの促進的活動は革新的である。統制的な規則に従うものではないし、個性的な規則を体現してもいないからである。社会的エイジェンツのカテゴリーは、ライフ・チャンスに根拠をもっているより広い利害との関係で、問題をはらんだ諸状況にどのように立ち向かうのかを見てとることを可能にする。たとえば、教育の統制が教会に握られていたときには、ライフ・チャンスに根拠をもつ利害が多くの集団に緊急の問題を生み出した。役割概念がむりやり拡張されていたため、信仰の衝突、社会運動への妨害などの諸問題は役割に対する侵害として解釈されたからである。また、彼らの諸利害に対する障害に対して集団が行ったことは、教育統制の性格を形態転換によってその障害物の根絶を目指すことであった。そこには「ゲーム」は存在せず、抗争を支配する規制的な規則も存在していなかった。教育システムの統治に関する諸原則などは事後的にのみ可能となったもので、国家システムのエラボレーションは、協働的エイジェンツの間の相互行為の意図せざる結果であったから、そこから新しい役割系列、すなわち教師、行政官、副大臣といった系列が生まれてきた。さまざまな役割と諸規則のエラボレーションは、社会的エイジェンシーによって設定された形態生成の一部で

あり、構造的コンテクストを協働的に形態転換する。だが、なにが創発されるかは、エイジェンツの抗争的な行為に依存してはいるが、誰かが欲したとおりにはめったにないという形態生成の例証として、能動的関与を刺激した諸目的に合致するわけではない。

　この議論はさらに拡張できる。「恵まれない人々」は、貧困なライフ・チャンスしか与えられずに苦難に遭遇しており、労働組合の結成、公民権と市民的諸権利のための運動、フェミニズムなどの集合的組織化に向けて戦う最良の理由をもっている。特権を与えられた協働的エイジェンツは、非特権層を押さえ込み抑圧することで、彼らの既得利害を防護しようとする理由を見出す。同一の「我々と彼ら」のゲームを行っているのではない、特権者と非特権者の闘争のなかで、現存の役割系列は重大な形態転換を受ける。

　要するに、社会的エイジェンツの再集団化（協働的エイジェンツ）が、新しい役割－規則のセットを生み出す駆動力を提供し、規則に支配されない行為による新しい役割－規則セットの発展の理由をも供給する。このようなことは、規範的諸慣習に取り巻かれている役割の在籍者としての社会的行為者たちには開かれていない。社会的エイジェンシーは、新しいゲームのための新しい諸規則を発明する。エイジェンシーは入手可能な地位の安定的な系列に運命づけられてはいない。社会的エイジェンツの社会的行為者たちからの分離が、制作者としての力を大きく増加させる。社会的地位をつくりなおす集合的能力であり、彼自身と社会をつくることになる。

　社会的エイジェント（the Social Agent）と社会的行為者（the Social Actor）は、別々の人々なのではない。この区別はただ一時的で分析的なものである。アダムが成熟した後は、エイジェントと行為者の両方になり、問題的なまたは利得的な諸状況のなかで、エイジェントとしてなにを行うかということと、役割－規則の要請をともなう特殊な役割において行為者としてなにを行うかということとを、区別することは分析的には価値がある。

　行為者たちそれ自身（Actors themselves）は役割の在籍者として　エイジェンシーとの関連づけなしには理解できないし、人格性（Personhood）と

の関係でも論じられるが、行為者たちは二つの用語のどれにも還元されは
しない。

　能動的な役割制作者（active role-makers rather than passive role-takers）で
あるような主体である代わりの受動的な役割取得者、つまり行為者たちが
役割の客体以外のなに者でもない地点にまで縮減されるならば、前もって
プログラムされた実行者を承認するのみならず、役割変化そのものの原因
としての行為者をも排除してしまう。行為者たちは、諸人格には還元され
えないけれども、役割に人間的な特質と反省性と創造性をもたらすために、
諸人格に繋留されなければならない。このような特質なしには、行為者は、
役割が支配する制約の厳しさについて反省し、再生産のルーティンな行為
とは異なるなにか他のことができないのかどうか、についての決定可能な
主体ではなくなってしまう。自由の程度を利用し、人格的な創意性をもつ
ことができない者になってしまう。

（ 1 ）　R.Grandy, 'Reference, meaning and belief', *Journal of Philosophy*, 1973, 70, p.443.
（ 2 ）　Émile Durkheim, *Les Formes Elementaries de la VIe Religieuse*, Presses
　　　uiversitaires de France, Paris, 1968, pp.147, 443. （古野清人訳『宗教生活の原初形
　　　態』岩波書店，1975 年）

第Ⅲ部　社会分析の概念図式

第7章　創発性の社会分析

1　形態の生成と安定の諸条件

媒介過程の必要性

「構造」と「相互行為（interaction）」とを結びつける「媒介過程」という第三の見方について図式化する必要がある。

　合成論の理論家たちは、時間経過の歴史性を認識することに失敗している。時間は物事が生起する媒体であるとはいえ、どの瞬間にも過程は同じ仕方で描写されうると考えている。非合成主義者にとって、媒介過程そのものは時間上一続きに配列されている。つまり、各々の時期は、同じ永続する図式に従うのではなく、歴史的なフローチャートにおける特殊な局面に従う。構造と諸個人間の相互行為の相異なる局面は、単一の過程の単なる側面としてではなく、ある時間経過をもったそれぞれの部分として切り離される。ただ相対的にのみ持続する構造と最終の局面の形態転換／形態生成を特徴づけるモデルは、連続する過程の継続的なサイクルを示す。

　任意のどのサイクルも、それより前のサイクルに先行されており、またそれより後のサイクルを従えている。行為は必然的に連続的であるが、時間経過における彼らの行為のゆえに、構造は非連続で相対的にのみ持続する。ひとたび構造が変化すれば、後続する活動は異なる仕方で条件づけられ、形作られる。つまり、この社会は今ここにいる人々の産物ではなく、同じく、未来の社会もまた我々の相続人たちが生み出すものではない。

　特殊に分析的なサイクルがどのように、歴史（時間経過）的に区分されくり出されるかは、当面する問題に依存している。その内容を提供するのは、特定の問題を研究している研究者である。

バスカーの構造と実践の形態転換改良モデル

　R．バスカーの『自然主義の可能性』(1979)では抑制されていた諸特徴
（歴史性、創発性、媒介性）が、『実在性の再生』(1989) では精巧に練り
上げられて、図７−１−１にいたる見直しがなされた。

　諸条件の影響力では、ポイント３、４において、社会的世界についての
行為者たちの制限された理解のなかに、自己理解の制限も組み込まれてい
る。こうして、諸条件の影響力は、この必然的な生産過程に対して、エイ
ジェンツという媒介された生産物を提供する。

　ポイント１' は、形態転換が後に続くなら、新しい別の後続のサイクル
のスタートを示しており、再生産であれば構造の繰り返しを見出すが、必
然的に同じ行為を再演するわけではない。

　バスカーの社会的行為の形態転換モデル（ＴＭＳＡ＝ Transformational
Model of Social Action）は、構造化理論から離れるコメントによって、正
当化される。（ａ）創発性を理由に、後続の相互行為が先行する構造を形
態転換することを歴史的に表現する。（ｂ）超事実的に影響力をもつもの
として、構造に存在論的基礎づけを与え、社会形態の先行実在性を強調し
つつ、理論もまた流れやサイクルや運動を記述でき、具体的で歴史的な諸
状況にも適用可能なものとしている。社会構造は時間のなかに状況づけら
れ、空間のなかに根を生やしており、時間／空間は流れとしての場面であ
るから、時間性は必然的である。（ｃ）したがって、流動性を歴史性とし
て、しかもさまざまな局面に分割することも正当化できるとして、ＴＭＳ
Ａは歴史的に重要な出来事（社会形態の破壊、変異、あるいは一般的な形

図7−1−1　バスカーの構造と実践の形態転換改良モデル

態転換の開始や構築）の規準を生み出す。（ｄ）この改良された図式は、地位に規定されたさまざまな実践相互の諸関係（媒介過程）を含んでいる。これらの諸関係は地位の占有者の人格同士の相互行為には還元できないもので、むしろ相互行為は、それらがつくりだしたものではない地位／状況における実践から流出してくる。ただ、バスカーにとって、構造はただ相対的にのみ持続するもので、構造が存続するのか、形態転換をこうむるかは、地位に規定された実践が生み出すことであって、主意主義的な相互行為が生み出すことではない。

ＴＭＳＡとＭ／Ｍの図式の組み合わせ

　Ｍ．アーチャーの形態生成／安定論の基礎的図式は図７−１−２に示されるが、若干の変更によって、ＴＭＳＡとＭ／Ｍ（Morphogenesis ／ Morphostatics）の図式は、容易に図７−１−３のように組み合わせられる。バスカーの注記は実線の上に、アーチャーの注記は実線の下に括弧入れしている。実線は連続的であり、二元論は分析的なものである。それは、社会の構造化に組み込まれている過程や、時間のなかで生起すべき再構造化の特殊な形式を説明するために必要なものである。突起形の矢印は、歴史的な構造化過程の先行および後続するサイクルに結びつけられている。

　それにもかかわらず、アーチャーは、図７−１−２の方を好ましいと考えている。社会が構造化されていない時期は存在しないことを示すためにも、T^2 と T^3 の時期には、先行する構造は徐々に形態転換を受けて、新しい構造へとエラボレートされるのに対して、図７−１−１では T^2 − T'' の

図７−１−２　３つの局面をともなう基礎的な形態生成／安定サイクル

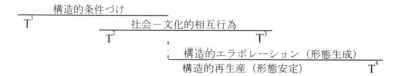

図7-1-3 「社会的行為の形態転換モデル」と形態生成／安定サイクルとの重ね合わせ

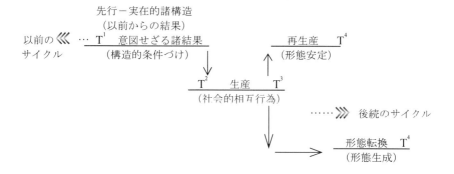

時期は、構造的性質の「生産」の最中にあって、構造的性質がその期間中
停止されていると示唆されているからである。
　社会変化の原因をなした諸過程に手がかりを得るべきだとすれば、分析
的二元論の M ／ M アプローチは、変化の本来の概念である歴史（時間経
過）の概念を維持できる。これに対し、構造化理論では、「社会的再生産
の条件は社会の相異なるタイプの間で大きく異なっているのだから、社会
システムにおける安定性と変化についての総合的な理論を探し求めること
には益がない」(1) として、変化と歴史の概念が「なにか神秘的なもの」(2)
になる要素を残している。

方法論的実在論と形態生成／安定アプローチの組み合わせ

　ＴＭＳＡとＭ／Ｍアプローチは、道具一式で意味のある実質的な仕事を
しなければならないと想定しており、実践的に有用となるような実在論に
根を下ろしている。こうして、実在論的な社会存在論は、社会的実在性の
定義としての深さ、階層化、そして創発性への方法論的実在論を課すこと
になる。「分析的二元論」を通じて、構造とエイジェンシーにアプローチ
する方法論的実在論によって考察され反省されうる。分析的二元論は、自
律的で、還元不可能で、創発的な性質をそなえた構造とエイジェンシーと

いう分離した二つの階層間の結合を探求するためのものである。

　方法論的な社会実在論が広範囲の社会理論と両立する可能性は、異なる構造と創発的メカニズムの実質性についての実在論的論争に依拠している。すなわち、形式的な項目において、社会実在論の説明的枠組みを承認し、組み入れていても、実質的な項目については、どの構造が、あるいは相互作用（interplay）のどのタイプが、またはどの結果が優先されるべきか、そしてそれらはどのように分析されるべきか、活発な異論の提示が許されるからである。説明的枠組みとは、（ａ）創発的なメカニズムとして

図7-1-4　「方法論的実在論」と形態生成／安定アプローチの組み合わせ

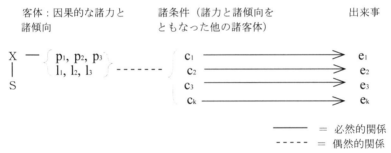

の先行実在的な構造、（ｂ）先行実在的構造と因果的力をもった他の諸対象ならびにそれらに固有の傾向性との間の相互作用（interplay）、この相互作用のなかに、階層的な社会的世界があり、そして、（ｃ）社会という開放システムのなかで、階層的な社会的世界の相互行為（interaction）から生じる予測不可能な、しかし、決して説明不可能ではない諸結果の生起、という以上の三点である。

　「分析的二元論」に基礎をおいているＭ／Ｍアプローチの図式は、「構造」「相互作用（interplay）」「結果」という共通の主題を導入することによって、方法論的実在論に捧げられたＡ．セイヤーの説明枠組み (3) である図式（図７−１−４）に重ね合わせられる。

　Ｍ／Ｍアプローチは、歴史的に重要な出来事の確定のみならず、展開もする。構造的条件づけの概念化や、構造的影響がどのように特定の地位と状況のなかにいる特殊なエイジェンツに伝達される理由、そして、形態安定ではなく形態生成に帰結するような戦略的な組み合わせについての研究が存在している。こうして、致命的な道具主義を避ける社会理論は社会存在論にもとづかなくてはならないため、創発主義的存在論がいかにして分析的二元論をともなうのかを論証することになる。

社会形態の生成と安定の諸条件

　形態生成と形態安定の諸条件はなにか、の問題に答えるための鍵を提供する分析的二元論の一般的な解決では、Ｄ．ロックウッドによって提案された、社会統合とシステム統合との両者の相互関係において、高度な統合であれば形態安定を、不具合であれば形態生成を帰結する傾向をもつと見なされる。相異なる社会−文化的な構成体の描写と結合されるならば、図７−１−５をもたらす。

　エイジェント的な相互行為のレベル（構造的領域におけるＳＩ、文化的領域におけるＳ−Ｃ）における秩序的または対立的な諸関係は、創発的な構造的または文化的なシステム（構造的なシステムＳＳまたは文化システムＣＳ）を特徴づけるものからの独立的変異の重要さの程度を表すことが

図7-1-5　形態生成と形態安定の条件

できるし、その反対も成り立つ。エイジェント的な相互行為が、システム統合を鏡のように映し出すことは必然的でもないし、通常でさえもない。しかし、社会統合とシステム統合を連結する補完的なメカニズムが導入されなければ、因果連関についての斉一的な結合というD．ヒューム的なモデルに拘束されたままにとどまる。

　エイジェンシーを介して、構造的ならびに文化的な諸性質がエイジェンツに影響を与える、条件づけのメカニズムが示されなければならない。同じことが社会のエラボレーションにおいても当てはまる。形態転換あるいは再生産の原因は、形態生成サイクルの中間の境位である第二局面（社会－文化的相互行為の場所）において発生する。とはいえ、エラボレートされた諸現象としての構造的ならびに文化的な性質や力は、社会－文化的相互行為に還元されたりはしない。

　第一局面と第二局面をつなぐ条件づけ的連結は、既得利害の配分によって成り立っており、また、エイジェンツがそれらを獲得するための相異なる状況的論理に向き合うことによって作用する。これと並行して、第二局面と第三局面との連結メカニズムは、交換と権力を通じて作用する。その作用は連結としてであって、機能主義のように社会的メディアとして一般化されることはない。それら自身は関係的な性質で、創発的性質という位置づけにおかれ、エラボレーションに関する三つの原因とは、願望の合流、権力に誘導された従順、および相互的交換である。

構造化理論のアプローチでは、「形態転換の能力」を、「他者に自らの欲望を満たすようにさせる」(4)エイジェンツにそなわっている力とみなしている。権力だけに光をあてることによって、形態転換の発端が中間の境位の範囲内に限定されており、三つの原因の内的関係が探査されず、先行的な構造および文化的なコンテクストとそれら原因との必然的関係も検証されない。

　基本的な考え方は、相互に解きがたく結びついている交換駆け引きと権力関係の両者が、異なる集団間の相互行為における互酬性または統制関係が創発してくる原因となり、社会的エラボレーションの原因になるということである。

　交換される富、政治的サンクション、専門知識などの多様な資源は、単一の交換媒体による厳密な価格（交換レート表）をもっているわけではなく、交換レートは相互行為によって社会的に決定され、時間経過のなかで変化するため、関係する行為者たちにとっても不確定な事柄である。形式的レベルでは、制度的な相互行為は、それぞれの目標に到達するために他者たちと交換駆け引きを行うための資源を利用することによって成り立っている。最初の取引（bargaining）に占める各集団の地位（たとえば資源の量）が明白にもかかわらず、成功する見込みの条件や相互行為のタイプさえも確実な指標を与えるものではないため、交換の諸条件を特定することは、最初の地位に加えて、関係的な手段である集団の交渉力（negotiating strength）を与えるものがなにかを示すことである。集団の相互間の関係、つまり、必然的に既得利害集団間の相互行為を検証することを意味している。

2　交換、権力ならびに社会的実在の階層的性格

　社会的相互行為または社会－文化的相互行為は、資源配分の構造と物質

的ならびに観念的な既得利害集団との変化する内的関係によって説明される。この内的関係によって、どのように相互行為が社会的コンテクストを媒介するか、究極的にはどのように社会的エラボレーション（または再現的繰り返し）に影響を与えるのかを示す。

　相異なる資源配分とエイジェンツの先行的集団化との関係について、先行的集団化を相異なる資源の配分が線引きするのは、相異なるライフ・チャンスによってである。この第一次的関係（諸資源の配分による相異なるライフ・チャンスの先行的集団化）は、原初的エイジェンツの集合体の潜在的な取引力（potential bargaining power）を規定する（システム統合の相補性＜高＞－矛盾＜低＞の軸）。しかし、形態安定／生成（社会統合の必然性＜高＞－偶然性＜低＞の軸）を導く闘争は、個人的なライフ・チャンスを促進または擁護する個別的な競い合いに還元されないから、必然的に第二次的なレベルへと移動する。（ａ）既得利害諸集団が、構造的または文化的なシステム統合の相補性＜高＞－矛盾＜低＞の軸から生じる状況的な利得または不利益に直面させられる。また、（ｂ）相異なる状況的論理（防護／妥協／排除／日和見主義）によって方向づけ的ガイダンスを受けた戦略的行為は、協働的エイジェントが、潜在的に利用可能な資源の動員をいかにうまく組織できるかに依存している。そして、（ｃ）資源を動員する者たちの間に内属している、願望の合流、権力に誘導された従順、および相互的交換などの現実的な交渉力（actual negotiating strength）について関係論的に概念化することが必要となる。この交渉力は、剥き出しの取引力（raw bargaining power）から遠く隔たったところに移行しているが、交換と権力の諸過程は、諸資源（流動資産＜富＞、政治的サンクション＜賞罰＞、専門知識）の使用を含んでいる。

取引力（第一次的）
　変化を促進したり安定を防護したりする方法が資源の利用に依存しているので、時代ごとに、場所ごとに、諸資源の集中の度合いによって異なる資源の配分の可変性は最大の重要性をもっている。つまり、エイジェンツ

にとっての異なる諸資源に対する相異なる利用可能性は、取引力の基盤となっている。この仮説の重要性は、資源の集中度合いが大きければ大きいほど、社会的変化について戦略的に駆け引きできる諸党派の数が少なくなるということであり、集中の程度は相互行為の二つの側面に影響する。

　第一に、エリートたちと大衆との間の格差勾配の急峻度に影響を与え、戦略的な相互行為に参加する機会に影響を与える。第二に、駆け引きされる要求の種類と量についての決定に関与する。

　理論と実践の両面での第一の関心は、T^1の出発点における、富とサンクションと専門知識の最初の制度化された配分が、駆け引きにおける基本的側面について、重要な限界を与えるからである。たとえば、資源をもたない大衆の願望が拒絶されることによる一致した無活動が、「相互行為」の重要な形態となるだろうが、無活動自身も資源依存的なのだと忘れないのが決定的に重要である。

　同時代における資源の配分は、（ａ）駆け引き活動に参加を許される人々の性質とその数は、協働的エイジェンツに限られ、（ｂ）協働的エイジェンツの最初の取引上の地位によって、（ｃ）最初に戦略的に促進可能な要求の種類と量、の三点について限定している。ただ、資源の最初の配分が、あらゆる時点において、上記のような影響力をふるうわけではない。相互行為の分析の課題は、変化する資源配分によって既得利害集団の間の駆け引きに及ぼされる制約的影響力を追跡することである。なぜなら、資源の最初の配分が新しいサイクルの一連の変化を、つまり、相互行為と一群の次の変化のためのコンテクストを構成するからである。

　あらゆる既得利害集団は、いつでも三つの資源（富、サンクション、専門知識）の各々のヒエラルヒー的な配分のなかに、ある場所を占める。ある集団の一般的な地位は、富とサンクションと専門知識のヒエラルヒー上のその位置づけから形作られているが、一般的な地位を数学的な方法で表現することは不可能である（図７－２－１）。その不可能な理由とは、どんなヒエラルヒーであれ、その普遍的性格について疑問があり、地位を特定化しランキングすることに困難がある。つまり、あらゆる資源が還元さ

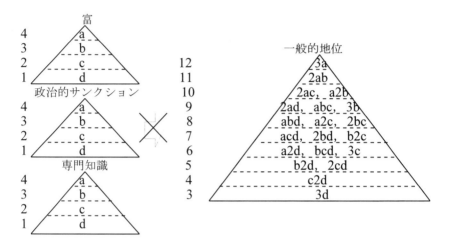

図7−2−1　一般的地位の不能性

れうる共通の分母の不在のもとでの、三つの資源のヒエラルヒーの間の通約不能性という問題である。

　各集団について、特定の資源に対するアクセス可能性の高低という大まかな用語によるが、エイジェンツと資源とを結びつける三つの命題について提案可能である。

　①　あらゆる資源への低いアクセス可能性をもつエイジェンツは最も弱い取引的地位を占める。

　②　さまざまな資源への異なるアクセス可能性をもつエイジェンツは比較的強い取引的な地位を占める。

　③　あらゆる資源への高いアクセス可能性をもつエイジェンツは最良の取引的地位を占める。

　これらの決定的関係は、各既得利害集団の地位と資源の利用可能性との関係だということである。三つの資源の相異なる集中度は、命題2の地位に見出す利害集団の数を最大にする。

図7-2-2　取引力(第一次的)

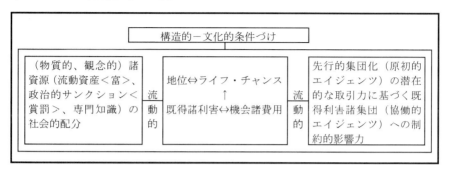

交渉力（第二次的）

　諸資源の社会的配分とエイジェント的な集団化の関係は、相互に独立に変化しうる。これは分析的二元論の公理である。前者は社会の「諸部分」に関係しており、後者は「人々」に関係しているからである。

　相異なる種類の資源保持者たちの間の関係とならんで、彼らそれぞれのなかでの関係についての議論をも含むから、問題はもっと複雑であり、前者に関するかぎり、異なる資源の配分が重なる程度は、致命的なほどに可変的である。たとえ、高い程度の重なり合いが存在しているとしても、協働的エイジェンツが、どの程度まで仲良く、目標獲得のために協力し合うのかということが、次の問題となる。

　社会的階層性の次元は、お互いのトップ層で重なると想定する論理的理由は存在せず、むしろ、三つのヒエラルヒーにおける所与の位置を占める各集団の地位の間には重大な不一致が見出され、したがって、重なりは偶然性の問題であり、その程度は、それぞれの特殊なケースと場所において確定されなければならない。同じアプローチが、資源保持者たちの取り扱いをも特徴づける。

　採用される分析枠組みは、単一次元の支配階級モデルにも、多元的なエリートたちの複数主義的な図式にも、前もってコミットはせず、中立的で

ある。こうして、資源保持者たちの重なりの程度は経験的に確定されなければならない。相互行為がどの程度、単一次元的または多次元的な事態に近似しているかを決めるのは、経験的な研究なのである。

　相異なる利害集団の相対的な取引的地位（relative bargaining positions）は片側だけの概念で、実在的な交渉力（real negotiating strength）をもつためには、かかわっている他方の協働的エイジェントとある特殊な関係に立たなければならない。交渉力という概念は、相互行為に付随する双方的な、または関係的な用語であり、交換という諸状況のなかで発生する。交渉力は、（a）集団Ｘが集団Ｙを供給する資源に完全に依存させるようにする能力から、（b）ＸとＹの間の互酬的な交換という均衡した状況、（c）ＸがＹによって供給される資源に完全に依存しているまでの幅をもった程度問題である。（a）と（c）のケースは、創発的な関係的性質である権力が、相互行為を特徴づけているときに生じる事例である。たとえば、供給されるべき資源やサービスを免除してくれるように自ら調停できないときの付帯条件は、交渉力に内属する文化的（イデオロギー的）な構成要素が常に存在し、交渉力は純粋にＳＳレベルの構造的な概念ではない。

　第一次の取引力の効果は、ＳＥＰＳ（Structural Emergent Properties）とＣＥＰＳ（Cultural Emergent Properties）から生じる第二次の制約と可能化に直面したときに、既得利害の促進のための闘争で、誰が、どんな種類の、どれだけの量の諸資源を負担し持ち込むことができるかを確定することである。

　現状に影響を与えようとする過程において、先行的に集団化されていた原初的エイジェンツ自身が再集団化を経験する。この二重の形態生成が、新しい協働的エイジェンツと彼らの間の関係を、つまりＰＥＰＳ（People's Emergent Properties）を生み出す。原初的エイジェンツから区別された協働的集団は、その内的組織化と彼らの目的の公的な表明とによって、協働的エイジェンツになる。しかし目的の特定化は、他の協働的エイジェンツの目的と調和を実現したり不調和をもたらしたりするので、彼らの間の同盟の可能性を条件づける。

図7-2-3 交渉力(第二次的)

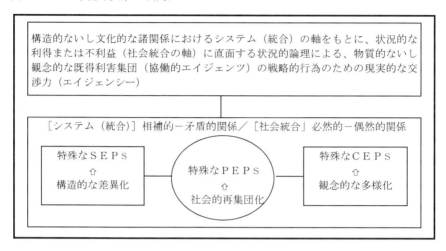

構造的ないし文化的な諸関係におけるシステム（統合）の軸をもとに、状況的な利得または不利益（社会統合の軸）に直面する状況的論理による、物質的ないし観念的な既得利害集団（協働的エイジェンツ）の戦略的行為のための現実的な交渉力（エイジェンシー）

［システム（統合）］相補的－矛盾的関係／［社会統合］必然的－偶然的関係

特殊なSEPS
⇧
構造的な差異化

特殊なPEPS
⇧
社会的再集団化

特殊なCEPS
⇧
観念的な多様化

　PEPSが関連するところでは、戦略的な相互行為という条件づけも加わるのである。交渉力それ自身は、先行する相互行為の結果の結果、あるいは関係的な合力の結果、相互に相手と関係し合う協働的エイジェンツの創発的な「諸資源と諸関係」を指している。交渉力は、戦略的な相互行為を含む形で生起する制度的ならびに観念的エラボレーションをともなうエイジェンシーの等価物なのである。エラボレーションの過程で交渉力というエイジェント的な諸効果を生み出した。

形態転換的ならびに再生産的な諸力（第三次的）
　第二次的で論じた「結果の結果」は三重になっている。SEPSの創発にとって本質的な構造的な差異化が、CEPSの創発にとって本質的な観念的な多様化が、PEPSの創発にとって本質的な社会的再集団化が、存在している。そこで今度は、これら三つの発展の関係という第三次の結果が存在する。一般的な問題は、構造的および文化的な発展はエイジェンシーに条件づけの影響を及ぼす。したがって、なにが発生してくるかは、P

ＥＰＳによるそれらの受容と、他者に対する協働的集団の交渉力に依存している。

　図７−２−４は、構造と文化のシステム的なレベルで、状況的論理の関連する潜在可能性が現実化された際の、発生可能な発展を示している。社会システムないし文化システムにおいて、四つの状態のいずれかの利害が既得されている協働的エイジェンツは、社会的相互行為または社会−文化的相互行為のレベルに対応する理念が、望まれているシステム的な状態の保全に最も貢献する。この目的のための望ましい社会状態は既定の結論ではなく、Ｓ−Ｃに対するＣＳの、ＳＩに対するＳＳの条件的な効果であり、すべては望ましい状態の社会的な受け入れに依存している。その受け入れは、システム状態を促進しようとする協働的エイジェントと社会に解き放たれたＰＥＰＳとの間の関係的な交渉力によって決定される。

　システムの状態の理念が宣言され、それらの支持者たちが構造的権力を効果的に使用するならば、社会レベルでは安定的な集団化の解体を引き起

図7−2−4　システムと社会の両レベルにおける構造的および文化的な
　　　　　形態安定／形態生成

	Complementarities 相補性 Compatibilities 協和		Contradictions 矛盾 Incompatibilities 不協和	
	Necessary 必然性	Contingent 偶然性	Necessary 必然性	Contingent 偶然性
Situational logic 状況的論理	Protection 防護	Opportunism 日和見主義	Correction 修正	Elimination 排除
SEP'S SSレベル	Integration 統合	Differenciation 分化	Compromise 妥協	Competition 競争
SIレベル	Solidarity 団結	Diversification 多様化	Containment 封じ込め	Porarisation 分極化
CEP'S CSレベル	Systematization 体系化	Specialization 専門分化	Syncretism シンクレティズム	Pluralism 複数主義
3-Cレベル	Reproduction 再生産	Sectionalism セクショナリズム	Unification 統 一	Cleavage 割け目・分裂

こして、再集団化という再階層化をもたらすものとなる。たとえば、封じ込めと団結によって強化された垂直の諸階層は、分極化と水平的多様化によって複雑化され、多様で強力な協働的エイジェンツへとばらばらにされる。原初的エイジェンツは量的に縮小し、質的には非特権層としての単一性が失われる。こうして、ヘゲモニーの喪失から権力ゲームの多元性が帰結する。同じことが文化の場合にもあてはまる。文化領域では、再階層化の等価物は文化的増殖である。理念の濃度と多様性の同時的な成長が、社会－文化的レベルの分裂しやすさを誘発する。しかし、再生産の力または対抗する形態転換の力の場所と諸条件を正確に示すのは難しい。

　この課題への最後の歩みは、ＳＥＰＳとＣＥＰＳとＰＥＰＳの相対的自律性を呼び出すことにある。この相対的自律性のために、それら自身の新しい発生的な諸力とエラボレーションは、相互に同調し合わない。この点を指摘したロックウッドのオリジナルな点は、システム的なものと社会的なものの相対的秩序または無秩序は、独立的な変化に開かれているということである。このことは、Ｓ－Ｃとの関係におけるＣＳ、ＳＩとの関係におけるＳＳについても真理である。

　決定的な要因は、構造的領域と文化的領域を特徴づける形態生成／安定が、任意の時期に、現実に相互に調和し合うその程度である。ＳＥＰＳとＣＥＰＳのエラボレーションは、相互に歩調が合うのか、くい違うのかということである。別の方法は、構造的力と文化的力が同じ方向に引き込まれるのか否かと尋ねてみることである。エイジェンツは変化と安定の効果的原因だから、構造的な形態安定／生成と文化的な形態安定／生成との間の調和は、どのようにＰＥＰＳに影響を与えるのかと尋ねてみる。この問いに答えるなかで、いつ、どこで、誰のもとに、再生産的な力が、形態転換的な力が存在しているのかについて理論化できる。

　分析的に統一化していた概念枠組みは、構造、文化、そしてエイジェンシーの三者関係について理論化する道を開いてくれる。概念的な統一化をおこなえば、三つの領域の形態安定／生成的な交差（intersection）について特定化できるようになるのだから、一つの領域の他の領域に対する効果

を追跡し、再生産的な力に対する形態転換的な力の具体的な諸命題を提示できるようになる。

　構造と文化が形態生成論的な観点から概念化されているとき、サイクルの中間の境位で交差する。構造化された利害集団相互間の相互行為的な局面では、非常に大きな相互浸透を内包している。この内包関係は、既得諸利害と同時に観念ならびに意味をももっているからである。とはいえ、物質的な利害から独立に進行する観念の葛藤を排除するものではないし、観念的な相互行為がそれ自身の既得利害集団または集合体を生み出しうることを否定するものでもない。このような集団または集合体は、最初に異なった理念的な利害を獲得し、それを通じて後に、その文化資本から物質的な利益を受け取ることによって、異なった物質的な利害を発展させる。このような事例が認められるので、文化的領域における構造的なものの浸透と、構造的領域における文化的なものの浸透が存在する。行為者たち自身が両方の領域で同時に地位を占めているという社会学的理由から、構造的分野と文化的分野の交差について理論化する必要がある。なぜなら、ほとんどの社会的闘争と駆け引きを部分的に形成しているものは、観念と観念との闘いだから、文化的な要因を導入することが必要なのである。たとえば、社会構造の部分間に行き渡っている相対的無秩序と、諸集団の間に広まっている相対的秩序との間の不一致は、文化的な影響力に帰せられなければならない。

　社会集団は、利害、諸資源、サンクションだけでなく、観念をももっているという社会学的理由から、構造的分野における文化的なものの浸透が理論化されるべきである。したがって、（ａ）文化が構造に影響すること。（ｂ）構造が文化に対して影響力をふるうこと。二つのことは、いつでも、（ｃ）社会的相互行為という媒体をとおしてなされるということである。

　（ａ）において、文化的諸要因が構造的領域に入っていくメカニズムは単純である。物質的な利害集団が、その利害の促進（その表明、主張、正当化）のためのなんらかの教義（理論、信条、またはイデオロギー）を承認するならば、その集団は文化領域の状況的論理に入り込む。つまり、あ

る一連の観念を採用することによって、構造的利害集団は、文化的な教義とそれに関連する諸問題の特殊な形式に組み込まれ、必然的に物質的利害集団は、文化領域における状況的論理の形式に従うことになる。

　ある一連の観念を採用した集団はそれらとともに歩まざるをえないし、公的な議論に関与するためには、シンクレティック（諸説混合的）な定式や体系化された総合体（conspectus ＜概観＞）やそれらに対する観念的な反対論にも、熟達しなければならない。なぜなら、諸観念を採用する物質的利害集団にとっての全問題は公共的なものだから、観念が披瀝されることでかかってくる全対価が計算されなければならないからである。利害集団として、適合する諸観念を選択し、公的に表明することによって、すべての重要な支援者たちや反対者たちに向けて、文化システムの特定部分への注意を喚起する。こうして、諸集団は、自らの利害の促進のために採用した観念を一般化し、自然化するという企図にもとづくことになる。

　（ｂ）において、構造的諸要因が文化的領域に入る通路を見出すのは、（ａ）と同じ道をたどる。なんらかの教義（理論、信念、またはイデオロギー）を弁護することが特定の物質的な利害集団と結びつくならば、その教義の運命はその集団の盛衰に巻き込まれていく。つまり、教義への傾倒は権力ゲームにおける文化的な言説に組み込まれる。

　また、矛盾を覆い隠すために働き、他の選択肢へのアクセスを妨害するような強力な社会集団の支援があるなら、文化的な形態安定戦略の効果は拡張されうる。他方、形態生成は、対抗的－現実化または総合によって行われる新しい諸観念のエラボレーションに依存しているだけでなく、社会的な卓抜性（salience）の達成にも依存しているので、観念が高い可視性を獲得し維持することにとって、強力な社会諸集団による支援を得ることが決定的に重要となる。けれども、権力ゲームへの参加に付随する費用も存在する。諸観念を訴えることを社会的に制限するような連座制的な罪の形態（a form of guilt-by-association）である。たとえば、普遍主義的なものである宗教的観念が、社会－文化的な受容を見出し、普遍主義を変質させるような特殊な観念が支援者たちの利害関心となることもある。また、支援

図7-2-5　形態転換的ならびに再生産的な諸力(第三次的)

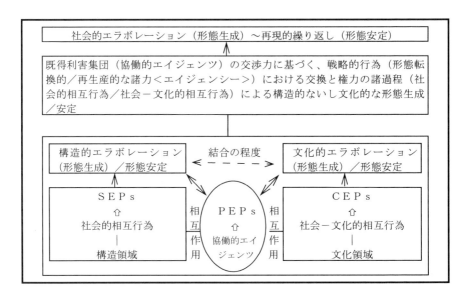

者を求める努力は、有力な人々を加入させようとする人材の捜索の努力で
もあるが、有力者の支援を得ることにともない、加入者たちの第二次リス
ト（別の観念にも荷担するような人々）も同時に構成される。やがて敵対
的な利害諸集団が、誘発された便宜的同盟から実在的な文化的適合性を出
すために、観念的な成型（ideational moulding）と干渉に関与することも見
出されるであろう。

　構造と文化が相互に内的に浸透し合うメカニズムの一般的な命題は決定
的に重要である。基本的に社会的抗争において観念は強制力であり、強制
力をもつものは文化的にも影響力をもつ。しかし、いつ他のものよりもよ
り影響力があるかを確定するためには、あらゆる観念は物質的な状況設定
のなかで発生し、同じく、あらゆる物質的な利害集団は文化システムの内
部で発生することが承認される必要がある。

どのメカニズムがより重要になるのかとか、いつ、どこで、またどのような条件のもとで、そうなるのかということを特定する必要がある。「いつ、構造は文化に対して、その逆に比べて、より多くの影響力をふるうのか」、「いつ、文化は構造に対して、その逆に比べて、より大きな重要性をもつのか」という問いに、「いつ」という条件の特定化と結びつけることによって答える、相互影響の理論が期待されている。

3　いつ形態安定／形態生成が存在するのか

　構造と文化のどちらがいっそうの重要性をもっているのかは、両領域における形態安定的かまたは形態生成的かの不連続性があるときだが、これに対して、両者のサイクル間の結合は、構造と文化との互恵的影響関係と一致する、という命題が提案される。つまり、構造と文化との相互作用について理論化することは、不連続性（discontinuity）と結合（conjunction）といった相異なる状況のもとで、エイジェンシーがなにを行うのかに従って、現実になにが結果するのかを説明する手がかりを与えるということである。

　論理的には、構造的領域と文化的領域における形態安定と形態生成の間に四つの組み合わせ（理念型）ができるが、経験的な出来事との関係でいえば、四つの組み合わせは完全な結合または全面的な不連続性の極端な事例で、現実においてはまれな事態であり、多くの通常の事例は、結合または不連続の二つの極の隙間に位置を占めている。

　ただし、ここでの議論は四つの「純粋な」組み合わせ（図７－３－１）に関連させて行うので、理論的な言明はコンテクストからは切り離されたかたちでなされる。組み合わせのどれが、他の組み合わせよりも「もっとありそうな」事例であるかについては、理論的な言明における説明的な把握の程度に応じて、開かれた経験的な問題に残されている。

図7-3-1　構造と文化の領域における形態安定／形態生成の組み合わせ

構造 文化	形態安定	形態生成
形態安定	結　合	乖　離
形態生成	乖　離	結　合

構造的形態安定と文化的形態安定との結合

　図7-3-2のイメージは、構造的形態安定と文化的形態安定とが一致しているときに結果する特殊な編成体（configuration）であり、この結合の発現は、二つの領域における特殊な状態の同時的な生起に依存している。

　一方の文化的形態安定は、統一された住民たちの諸観念のS-C的再生産と結びついたCSレベルにおける必然的相補性の体系化、またはS-C的統一と結びついたCSレベルにおける必然的矛盾のシンクレティズムのヘゲモニーを意味している。

　他方の構造的形態安定は、エリートたちの重なり合いと諸資源の集中をともなう社会的組織化の画一的な形態を表示している。そこでは、住民の服従が、社会的（または部分社会的）構造の永続化を許している。

　このような構造と文化の形態安定の結合による持続性こそが、社会秩序のあり方一般の典型との評判を獲得する理由となる。構造と文化の二つの領域の相互影響関係は完全な互酬的関係を表して、ヘゲモニー的な諸観念の強制力が安定的な社会諸集団に押しつけられ、支配集団の富がその観念の安定性を強化している。二つの領域の交差点における互酬的な影響力をつくりだす原因のメカニズムは、互いによく似ている。

　第一に、構造的相互行為において採用される利用可能な文化的諸観念は、同質的でなんらの代替的選択肢もない。そこでは安定した諸観念の集大成（CSの必然的相補性）が再生産されることによって、文化的強制力が統一された住民を再生産する（S-Cの必然的相補性）ように働いている。統一された住民は、構造的分裂（structural disruption）を刺激するための交差点を渡る能力ももっていない。S-C統一体を生成し再生産する文化的

図7−3−2　社会における形態安定サイクルを再生産する構造的ならびに文化的編成体

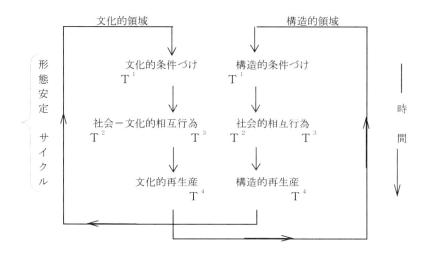

統制力は、むしろ構造的な反対の萌芽的な形態をも衰退させるように働く。

　第二に、この社会構造は、ＣＳの条件づけに挑戦できる物質的な周辺諸利害集団をもたないため、社会−文化的な無秩序を増大させる手段と動機をそなえた強力な不平分子をももっていないことが、服従（ＳＩの必然的矛盾）ということを意味している。複数主義と専門分化（ＣＳの偶然性）の創発は、観念的な差異化を促進する社会集団に依存しているから、構造的領域にそのような集団が欠けており、Ｓ−Ｃ的相互行為を呼び起こすために、システムの断層線を利用したり、システム化された総合体から多様化することによって、この交差点を横断するような者は誰もいない。これは、大きな格差をもった第一次的な資源の配分の効果であり、広範なエイジェンツの多数派を原初的な状態に閉じ込める（ＳＩの必然的矛盾）ことになる。

　この編成体において重要なことは、協働的エイジェンツは、類似した地位におかれているいう事実である。だから構造的エリートは、ただ一種類

の文化的言説にとらわれている。同様に、文化的エリートは、社会的組織化の画一的な権力構造に巻き込まれている。

　二つの種類の協働的エイジェンツはともに、自由にできる抵抗の手段をもっているから、この説明に反対されるかもしれない。つまり、構造的エリートへの諸資源の集中は、誰かが、代替的選択肢を求めて、ＣＳを探索してそれていくことが可能だということであり、文化的エリートは、反対派的利害集団としてのインテリゲンチュアの統合へ向かうこともありえなくはない。その場合、自らの物質的報酬をその知的な専門性につり合いのとれたものとするべく決心する。しかし、構造的と文化的な二つの協働的エリート集団は、相互の条件づけを拒否する手段をもっているにもかかわらず、そのための動機を欠いている。結合の存在を前提すれば、二つの種類のエリートたちは、共存して生きること、及びその共存を継続していくことに利害をもっているのであり、それ以外の直接的な選択肢はもっていない。

　統一された住民のなかでの諸観念の安定的再生産を通じての文化的形態安定は、構造維持に貢献する観念的環境を生み出すのであり、周辺的な連中の統制と大衆の服従を通じての構造的形態安定は、文化維持に貢献するような組織的環境を生産する。両領域の交換は特権的に差別化された協働的エイジェンツだけの間で条件づけられ、排他的な地位を強化することになる。こうして、構造的形態安定と文化的形態安定の結合では、どちらの領域も他方に対して均衡的であり、両方の領域の維持に貢献する。それゆえ、相異なる組織や相異なる観念を促進して反抗する機会費用（the opportunity costs）は、その反抗が公然たる実践に移されたら、とんでもなく高いものになる。

　多くの「古くて冷たい」社会がこのパターンに従っていた事実は、「文化的統合の神話」を調子よく始めさせるものであったが、この神話は特殊な編成体の存在に依拠したもので、普遍的なものではなく、文化的伝統主義と挑戦のない構造的支配にもとづいた条件的なものであるから、永遠に続くわけではない。なぜなら、構造的分裂によってその速度を上げ、構造

的ルーティン化によってその速度を下げるのだけれども、観念的な伝統
主義を分断させる文化の内的な原動力があるからである。

文化的形態安定と構造的形態生成との乖離

　一方における単一の強力な文化的エイジェントと、他方における物質的
利害が構造的に差異化されている数多くの協働的エイジェンツとの不連続
性を扱う。

　文化の形態安定的性格は、その体系化（ＣＳの必然的相補性）が文化的
権力によって防護されているか、シンクレティズム（ＣＳの必然的矛盾）
が定着していることを示しているが、構造的な領域においては、原材料の
占有、戦争、重商主義、政治的同盟、植民地主義、都市化などの多くの理
由から、形態生成（ＳＳの偶然性）が独立的に進行する。二つの領域が交
差するサイクルの真ん中の境位にとって決定的な結果は、物質的な利害諸
集団の分化（ＳＳの偶然的相補性）の成長である。それらの集団は、進行
中の構造的発展のそれぞれのタイプに依存しながら、社会的相互行為を通
じて自己定義、自己主張と自己促進に専心している。

　はじめは、安定した文化的コンテクストのもとで、あらゆる活動が生起
していて、文化は、構造的変化の発生的原動力である協働的エイジェンツ
の集団分化に拍車をかけることはまったくしない。それどころか、そのよ
うな集団分化の促進に対して輪留め（drag）となるように働き、新しい集
合体の分化、あるいは集合体の自己意識的な利害促進集団への発展は、文
化的統一化と再生産によって制約されている。それゆえ、文化権力が集合
体の分化に対抗して配置され、文化的なオルタナティブが不在のなかで、
文化の否定的機会費用の存在に反抗できないという見解は、完璧なもので
はない。なぜなら、Ｓ－Ｃレベルでは、他者たちが文化的な利得を収獲し
ているのに、自分たちは不利益を受けていることに示唆を得るからである。
こうして、構造的変化が利害の議論を増大させるときには、利害が文化的
シンクレティズムまたは体系化（ＣＳの必然性）と調和しないことを、Ｃ
ＳレベルやＳ－Ｃレベルで認識するようになる。たとえば、他の社会諸集

団との比較の際、彼ら自身の利害促進的な努力は文化的悪評を引き起こすのに、競争相手たちのなかに文化の支援の受益者がいることに気づかないわけにはいかない。また、このような状況に気づく原因の一つが、この集団に対抗して行使される文化的強制力そのものである。これらの新しい協働的エイジェンツは、自分たちを妨害している人々に対抗しうる観念を欠いてはいるが、自らの正当性を打ち立てるために、構造的に誘発される動機をもっている。彼らの領域が文化的な統制者たちによって侵害されているがゆえに、大義名分に貢献する項目を求めてCSを探査して交差点を渡る。彼らの最初の支援のよりどころは、CSのヘゲモニー的な観念によって表現されるような明瞭な問題だから、その時点のCSの性質は、彼らを特殊な言説形態に編み込む。

　このようにして、隠蔽または封じ込め（SIの必然的矛盾）が矛盾を覆い隠しているところで、新しい利害集団はその覆いを切り裂き、シンクレティズム（CSの必然的矛盾）に向かう運動を引き起こす。いくつかのシンクレティックな定式が存在しているならば、シンクレティズムのより寛大な形態への移行を促す。あるいは、協調的シンクレティズムに結びついた分離的諸傾向の矛盾をさらしてしまうときには、物質的な利害集団は矛盾する項目をとらえて対抗的現実化をもたらす。単一の利害集団でさえもこのことを成し遂げる事実は、文化に対して構造がより強い影響力をもつことを示していることになる。同様に、物質的利害集団が発散するものが競争的矛盾（SSの偶然的矛盾）であり、排除の状況的論理に巻き込まれるという事実は、この交差点で構造に対する文化的な影響力が働いていることを示している。

　体系化（CSの必然的相補性）が文化的領域でヘゲモニーを享受しているとき、最も妨害を受けているのが物質的利害集団である。文化的ヘゲモニーでは解決できない、ないし扱えないような諸課題を診断しようとする動機をもっていることによって、反伝統主義者になる。それでもなお、伝統主義の言説が社会的言説を支配して、唯一の言説形態であるため、解釈的な適応（観念的な多様化）、ないしより適合的な諸要素を探し出すこと

に向かう。この集団が発展させるものは、住民の他の部分にもなお理解可能な用語で、自分たちの特殊な立場と特殊な扱いを援護するような偶然的相補性（専門分化）の一形態である。正当化の要求が文化的に拘束されているので、完全な新しさは起こらないながら、その利害がセクショナリズム（S－Cの偶然的相補性）のなかにある場合は、機会の論理を促す起動力を提供する。こうして、体系化された諸観念の総合体は、境界を超えてもたらされる多様化された諸観念に直面することになる。協働的物質的利害諸集団による観念の発展は、結局文化的エラボレーションを引き起こしていく。

　文化的エラボレーションは、二つの領域の交差点で、S－C的相互行為に対する社会的相互行為の影響を通じて引き起こされる。新しい物質的利害集団が新しい観念を解き放ち続けるならば、諸観念の伝統的再生産は、提供された新しい選択肢と争わなければならない。この物質的利害集団は、新しくエラボレートされた観念に訴えて、社会構造のなかで優位性を正当化するのだから、文化的領域における裂け目とセクショナリズム（S－Cの偶然性）を必然的に促進する。封じ込め戦略（SIの必然的矛盾）によるオルタナティブの欠落のもとにあった人々は、いまや、競争的な反対派（SIの偶然的矛盾）に飛び込み、新しい好機に群がることで、本来の構造的起動力を超えて社会－文化的な抗争（S－Cの偶然的矛盾）を増大させ、ドラマティックな文化的エラボレーションを生じさせる。文化的形態安定と構造的形態生成との分離では、文化的エラボレーションに対して構造的エラボレーションのほうが、より大きな影響力をふるい、その影響力は、組織化だけでなく観念的に表明するようにもなる協働的エイジェンツの結晶化を通じて行使される。

文化的形態生成と構造的形態安定との乖離
　唯一の強力な構造的エイジェントと文化的に差異化された多数の協働的エイジェンツとの間に、不連続性が存在していて、構造は形態安定のままで、文化的な形態生成が進行中である。文化の内的な動力学から、専門分

化または複数主義（ＣＳの偶然性）が発展したものである。

　二つの領域の相対的な自律性を前提すれば、構造的安定性を維持する強制力としての社会統制は社会における再分化に対抗する方向をとるから、構造的な影響力は新しい物質的な利害集団の創発を押さえることができ、最初は文化的変化に対してはブレーキ役を果たすけれども、新しい観念的な利害集団の発展を妨げることはできない。なぜなら、文化的な変化において遅延や変転があろうとも、専門分化または複数主義の、いつかは起こるエラボレーションは、Ｓ－Ｃレベルにおける直接的な効果をもつからである。既存の諸観念と前進していく諸観念の多様化との競争的な抗争が拡大するにつれて、住民たちのなかにセクショナリズムまたは裂け目（Ｓ－Ｃの偶然性）を促進する。

　初期段階の社会－文化的な諸帰結は、多くの原初的エイジェンツが文化的な競争のなかに投げ入れられ、文化的な専門分化に引きずられていくが、この変化は、構造的安定が部分的に依存していた文化的統一が衰退することを意味している。文化的形態生成は、統一性が生産中止になることだけでなく、物質的利害集団の新しい好機をあらわすような、構造的領域に侵入していく係争的な観念の新しい蓄積が取って代わることをも意味している。構造の側から語られるとき、侵入は不可避的な「諸観念の勃興」、「偉大な波理論」として描かれる。たとえば、ルネッサンスの、啓蒙主義の、科学革命の、フェミニズムの高潮である。そのメカニズムは人々に対して働くのであり、ただ人々を介してのみ社会制度に対して働く。文化的形態生成が行うことは、人々を伝統主義者からオルタナティヴの評価者へと、受動的順応主義者から潜在的競争相手へと変えることだから、文化的行為者たちは同時に構造的エイジェンツでもある。

　社会的に制度的に支配的な人々は、文化的な変化のどんな形態に対しても必然的に抵抗すると想定すべきではないし、新しい諸観念に最も敏感な社会集団は、常に構造的には従属的な集団であると想定する理由も存在しない。問題は、誰がこの新しい偶然的相補性（専門分化＝セクショナリズム）を追求しようと選択するのかを確定することによって、構造と文化の

間の交差点のどこで、文化に対して構造がその影響力を行使するのかである。新しい相補性を追求することが有利ならば、「既存の」協働的エイジェンツが、最初は最良の位置を占めている。また、競争的な矛盾の創発に直面した支配的な人々にとっても、文化的オルタナティヴや、文化的複数主義（ＣＳの偶然的矛盾）の強制力に直面し、いずれかを選ばなければなくなる。なぜなら、観念的な利害集団による攻撃を受けて、社会的抗争は複数主義的競争という新しいコンテクストのなかで増人させられ、裂け目（Ｓ－Ｃの偶然的矛盾）の導入が、原初的エイジェンツに合同への衝動を提供することで、住民自身（the population themselves）が複数主義者になってしまうため、重要なことは、支配的な人々がどちらの側につくのかなのである。

　競争的矛盾関係にある観念の対立する両者が、すべての潜在的な物質的諸利害と等しくあるいは十分に適合的になることはない。また、文化的な裂け目が、住民をきれいに二つに分割して、構造的エラボレーションにつながる抗争をもたらす効果をもつ、と想定するのも必然的ではない。制度的な領域で支配的な集団は古い観念に固執するだろうが、ある準集団は理想をも形作っている新しい諸観念の反対の考え方を見つけ出すだろうということであり、支配的な集団でさえ、競争的な定式に加わって運命をともにすることもできる。

　構造的形態安定に対する文化的形態生成の効果は、観念的な変化が社会的再集団化を刺激して、新しい利害集団のセクショナルな分化（Ｓ－Ｃの偶然的相補性）を引き起こす可能性もあるし、実在する潜在的な諸利害の分極化（ＳＩの偶然的矛盾）をもたらすことによって、フェミニズムのような抗争（ＳＳの偶然的矛盾）を強める可能性もある。物質的な利害集団の間の多様性または分断（ＳＩの偶然性）が深まり、社会的不安定化が構造的エラボレーションに帰結するときには、文化変動の長い期間におよぶ経過としてみることができる。文化変動は、集団分化または再分化（ＳＳの偶然性）の蓄積によって社会構造に影響力を及ぼす。

文化的形態生成と構造的形態生成との結合

　結合は、原初的なエイジェンツの急速な縮小と新しい多様でより強力な促進的利害諸集団への形態転換を示す編成体（configuration）である。資源の配分は非常に平坦で、この社会構成体（social　formation）では、次第に多くの諸集団が協働的エイジェンツの性格（組織化および利害の表明）を獲得する。

　このケースでは、形態生成が二つの領域において同時発生的に起こる極端なタイプであるが、図７－３－３のように同時性を現出することなどありそうもない。両領域がに同じときに最終局面を完結することはなく、それぞれの局面の時間的な不連続性は重要である。したがって、厳密には、一方の領域の変化が他の領域よりも時間的に先行することで、地位の作用力に及ぼす効果が、多くの諸要素を説明してくれるだろうから、分析にいっそうの注意が必要なのであるが、先行する三つの編成体との比較を優先するために、あえて概略的な対照関係を提供する。

　この状態は、文化的形態安定と構造的形態生成ならびに文化的形態生成と構造的形態安定とが分離的に結びついている、二つの組み合わせのケースにおける、ありうべき未来のケースであり、エラボレートされた諸特徴が二つの領域でいっそうの変化を促進する。もしも、変化の未来としては、エラボレートされた諸性質が形態安定的な維持を条件づける場合には、文化的形態安定と構造的形態安定の結合のケースにもどる。あるいは、一つの領域だけが、形態安定の維持にあてはまるのであれば、乖離（disjunction）の繰り返しが生じる。

　この編成体の特徴は、二つの領域の双方において、競争し分岐する協働的諸集団の雑踏状態である。問われるべきことは、どのように物質的諸利害と文化的諸利害が交差するのかということである。たとえ形成される同盟が歴史的偶然性の問題としても、交差点を横断する同盟の相互の影響力の互恵的関係を曖昧にしないことである。

　さてここで、歴史から完全に抽象を行い、一群の物質的利害集団を思い描けば、物質的利害集団は、どの観念が最も役立つかとの考えをもって、

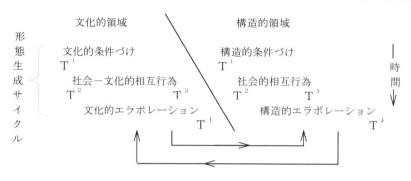

図7－3－3　社会における形態生成サイクルを生み出す構造的ならびに文化的編成体

さまざまな観念を探査している一方で、彼らに対しては一連の観念的利害集団が、潜在的支援者としての価値という点から物質的利害集団を査定する、というモデル化ができようが、現実の生活ではこのようなものではないだろう。誰が最初の動きをするのかとか、最初の動きがどの方向に向かうのかということは問題ではなく、ある同盟が文化の側、構造の側から始められるのかにかかわらず、あらゆる利害集団が社会－文化的な相互行為に巻き込まれるにつれて、あらゆる観念的な選択肢が社会的相互行為において採用されることになる。

　構造的物質的利害集団と文化的観念的利害集団の間の、強い互恵的な影響力の組み合わせがどのように働くのかをみるために、アーチャーは構造と文化の二つの側を分離して考察する。

　一連の文化的諸観念の主唱者たちが、文化的反対者たちとの膠着状態を打破するために、物質的利害集団の支援をとりつけるにしたがい、文化的反対者たちも不可避的に構造的領域に引き込まれる。なぜなら、一つの集団だけが前に進むなら、すべての他の集団がその増強された権力と資源に苦しむから、彼らの観念の生存と卓越性を保証するためには、他の物質的利害集団に支援を得るべく説得しなければならないからである。こうして、文化的な多様化のパターン化は、自らを構造的な分化のパターン化に提携

させる。この提携はさらなる反響を呼び、双方とも構造的動員と文化的順応という、形態生成的なものとなる。

　文化のアリーナに入る最初の物質的支援者は、当該の観念的集団と、メンバーの重なりや共通の階級、地位、政党所属などで密接な関係をもっていたことが、参入の原因となっている。その参入は、文化的集団にとって、観念的適応という点でほとんど費用をかけないですむけれども、その他の場合には、文化的生き残りと卓越とがかかっている観念的集団にとって、集団を動員する支援獲得の対価は、しばしば物質的利害に訴えて、皮肉なことに彼らの側での観念的な調整となっていく。それ以外の選択肢はその文化的集団が破滅することだから、その代価は高いことはめったにない。

　以上からの帰結として、はじめは「選択的親和性」がある物質的な利害諸集団の動員であっても、構造的支援の欠落には機会費用がともなうから、結局は最もラディカルな文化的順応の形態を通じて活性化され、ありそうもない支援の形態を含むことになるということである。つまり、物質的支援者の探査へと駆り立てた観念上の手詰まり的な均衡状態が、得られた支援の実質的な不均衡によって破られたりしないならば、さまざまな観念的適応、拡張、押し出しが社会－文化的な相互行為において住民を巻き込もうとする。

　分析上の便利さとしてのもう一つのやり方としては、文化と構造の状態の相互浸透は同時的だから、この交差点を別の側からも調べることができる。というのは、終わりのない形態生成のコンテクストのもとでは、分化した利害諸集団は、他者に直面して優位性を得るために、諸観念を承認することで、多様な物質的利害を発展させているからである。

　ただ、最初の動きを開始するのは支配的な集団とは限らない。なぜなら、厳しい挑戦や抑圧を受けるまでは、観念にもとづく正当化の形態を発展させていないからである。観念的な承認へと最初に動いていく集団は、社会－文化的な次元を社会的相互行為に導入することによって、文化的領域の状況的論理の効果を引き起こす。状況的論理は、反対的観念のファンドと、それが引き起こす観念的な闘争の形態との両方を条件づけるから、その結

果生じてくるものは、観念的利害諸集団をとりまく論争の直接の対抗相手に対して、ある物質的な利害集団が正当性を主張するならば、反対する集団は彼らの正当性の源泉を掘り崩しながら、集団の支援者を探し求めるようになる。

　構造的な反対者は互いに同じ観念を承認することは難しい。また、闘争の状態から後塵を拝した諸集団の、文化的に正当化の源泉をもたないことによる機会費用は、物質的諸要求の低減や再定義などの、適応のための努力を拒否した集団には重すぎる。その結果、あらゆる観念的な選択肢が取り上げられ、社会的相互行為はさらに差異化される。

　要するに、社会的相互行為と社会－文化的相互行為が相互に強化し合うことが、双方の領域で形態生成を促進する。構造的支援を得ることは、セクショナルな諸観念が卓越性を保持する保証を得ることであり、十分ではないが、必要な条件である。また、専門分化と複数主義（ＣＳの偶然性）が持続的な社会的支援を享受している事実は、古い文化的形態安定の再確立を阻止するには十分である。諸観念は多様な物質的利害集団の動員を助けており、物質的利害が蒸発しないかぎり、主張も消え去ることはない。社会的相互行為と社会－文化的相互行為は互いに強化し合っており、二つの領域における競争、多様化および再組織化を経た後に形態生成がもたらされる。この過程には終わりがない。

　構造的エラボレーションと文化的エラボレーションが生起するという事実は、ある同盟が追求され、変化のあるものを定着させ、この変化を条件づけの影響力の一部として体現する、相互行為の新しいサイクルを再スタートさせるに十分なほど成功しているということである。二つの隣接するサイクルの終わりに生まれる結果は、社会的諸集団の諸資源と諸関係に高度に依存しており、また成功した同盟によって承認された観念に依存してもいる。なぜなら、今度は、勝利した諸観念の性質に依存しながら、修正、排除、防護または日和見主義という状況的論理がもたらされるからである。文化的形態生成と構造的形態生成の間に結合が存在する編成体においては、二つの過程は密接にからまりあっているため、これらの観念は、この

サイクルのみならず、次のサイクル以降も相対的自律性を保持して、次のサイクルにおける相互行為に対してその影響力を行使する。

　出発点である分析的二元論に固執し、構造的および文化的そしてエイジェント的な原動力についての形態生成論的な包括的な考え方をすえ、文化的統合の神話に反対する文化システム（ＣＳ）と社会－文化的相互行為（Ｓ－Ｃ）との区別、社会システム（ＳＳ）と社会的相互行為（ＳＩ）との区別を擁護することは、終着点でもある。

　構造的領域と文化的領域の分析的な分離可能性を前提とするのは、エイジェンシーならびにエイジェンツの間の権力ゲームによって媒介されている、二つの領域における形態安定と形態生成のサイクルの関係を、構造と文化の用語で概念化されうるという事実にあった。我々が出会う日常生活は特殊な諸編成体であり、アマルガム（amalgam ＝混合物）として取り扱うものはアマルガム化の特殊形態なので、これと別のことを主張すれば、経験の実在性や編成体を生み出すコンテクストの豊かさを否定することになる。だが、行為者たちは、経験や実践を、必然的にこのような用語で分析したり、我々に指示するわけではない。日常的な生活における実質的な分析では、二つのものは互いに一つの意味に融合されているとはいえ、二つの構成要素を融合させて研究すべきだと保証するものはない。むしろ、社会的組織化と文化的組織化は分析的に分離可能なので、言説的な闘争は社会的に組織され、社会的闘争は文化的に条件づけられるとの主張が可能になり、さらに、他方に対してどちらがより影響力が大きいか、いつ、どこで、どんな条件のもとでそうなるのかの特定が可能になる。したがって、この課題の要点は、構造と文化が相互に影響し合う諸条件を、また他方に対して一方がより大きな影響力をもつことに帰結する諸条件を定義することであった。アーチャーによれば、構造と文化をひとくくりにすることを助長する諸定式、たとえば、Ｍ．フーコーの「権力-知識」複合、Ｊ．ハーバーマスの「知識構成的諸関心」、Ｚ．バウマンの「実践としての文化」は、相異なる諸編成体の分析を無視し無効にしてしまう。相異なる編成体の分析は理論的にも経験的にも重要なのである。

4　社会的エラボレーション

　実践的な社会理論の理論化は、方法に関して二つの含意をもつ。第一は、先行する社会的コンテクストに条件づけられながら、社会－文化的相互行為の特殊な連鎖から形態生成がもたらされる諸条件を述べることであり、その諸条件は、具体的なさまざまな偶然性の分析によって補完されるべき傾向的なものであろうが、実践的社会分析にとって有用性をもたらす。第二は、生起する社会的エラボレーションの形式を説明することである。コンテクスト的な条件づけの第一局面では、行為をある特定の方向へ導く過程をピン・ポイントで指摘する正確さに向けられ、さらに再生産に対比して形態転換のための諸条件を説明することを超えて、社会的エラボレーションの現実の編成体を説明することに向けられる。

　出来事のレベルで結果的に発生することは、傾向的なものや偶然的なものの組み合わせだから、目的は説明的な方法論（創発性についての分析的な歴史）、この意存的（transitive）で修正可能な語りは、形態生成論的実在論の方法論の資格証明である。

創発性の分析的歴史

　二つの論点について要約している。

　第一の要約として、なんらかの形態の社会的エラボレーションがかかわっているところでは、構造と文化とエイジェンシーとが常に関連し合っている。研究の焦点は一つにあてられるであろうが、他の二つを導入することによって失敗しないですむ。エイジェンシーは、エラボレーションの効果的（媒介的）原因の定義からして不可欠である。なぜなら、その数、その質（協働的か、原初的か）、相異なるエイジェンツの間の関係は、構造的コンテクストと文化的コンテクストへの関連づけなしには理解不可能で

あり、「二重の形態生成」の過程としてエイジェンシーの創発を概念化する際の当然の結果（corollary）である。同様に、エイジェンツが諸観念をもつと同時に物質的諸利害をももっていることから、相対的自律性にもかかわらず、構造と文化を互いに完全に切り離されたかたちで扱うことはできない。構造と文化が中間の境位（第二局面）で交差しているだけの理由ではない。その交差がすべてならば、構造的な創発的諸性質と文化的な創発的諸性質が、社会的相互行為に還元される危険にさらされるからである。したがって、構造と文化それぞれの創発的過程である、システム内的諸関係（第二次的）、および諸システム間の創発的諸性質（第三次的）として、因果的に大きな効果をもっていることも重要なのである。特に、社会的エラボレーションの諸原因の振り分けについて理論化するときには、構造的形態生成と文化的形態生成との分離あるいは合流に対して、無視できないかなりの注意が向けられてきた。

　第二の要約としては、権力が、特にエラボレーションとの結びつきにおいて概念化される仕方は、エラボレーションが還元不可能な第三次的な創発的諸性質（third order emergent properties）であるという事実から生じるということである。社会的なエラボレーションは、先行する社会的コンテクストにおいて生起している社会的相互行為の諸結果の諸結果の諸結果（the results of the results of the results of social interaction）を表現していて、第二次的なＳＥＰｓとＣＥＰｓと、ＰＥＰｓとの相互作用（interplay）から創発する。なお、この第二次的な諸性質は、配分と集合的な前進と彼らのライフ・チャンスの防護との、第一次的相互作用のより原初的な諸形態から創発したものである。

　要約すれば、第一次的な創発的諸性質（first-order emergent properties）は、先行する社会的コンテクストの社会的相互作用の諸結果（the results of social interaction）であり、第二次的な諸性質（second-order properties）は、第一次的な創発的諸性質のなかにおける必然的で内的な諸関係の諸結果の諸結果（the results of the results of necessary and internal relations amongst the former）を構成している。そして、第三次的な諸性質（third-order properties）

は、諸結果の諸結果の諸結果（the results of the results of the results ）として、その帰結が社会的な形態生成または形態安定のいずれかであるような諸成果を表現している。

　ここでの関心は、究極的な成果がエラボレート的なものなのか、非エラボレート的なものなのか、つまり形態生成的か形態安定的かを理解するために、三つの階層準位（the three orders）がどのように相互に結びついているのかを、交換と権力（第二次的関係の交渉力）を用いて示すことであった。形態安定と形態生成の、一方がより発生しやすいのはいつかについて議論するなかで、社会的なレベルから始め、最も大きなスケールでエラボレーションまたは再生産が発生することにあずかる諸条件を説明しようとしてきた。ただし、なにが最も大きなスケールかは、歴史的に可変的であり、画一的なものではない。それゆえ、「社会的なもの（the　societal）」は時間的に一時的な概念である。その指示対象は、多様で特定化を必要としている。また、どの階層（stratum）も、その下の階層との関係ではマクロであるから、「マクロ〜（the macro-）」という概念は関係的な概念である。したがって、なにが指し示されるかは、創発的諸性質の特定の階層に向けさせるような研究の分析目的に依存している。社会的なものは、第二次的な諸性質（特殊なSEPs、特殊なCEPs、そして特殊なPEPs）から結果する第三次的な諸性質（SEPSとCEPSとPEPSの間の諸関係）として取り扱われてきた。しかし、SEPSとCEPSの合流は、協働的エイジェンツであり、二重の形態生成によってエラボレートされている、PEPsの力によって媒介される場合にのみ効果をもつと強調することで、社会的なものの動力学が物象化されたりはしないと主張すること、および第三次的な（the third order）構成諸要素が実体化された存在（hypostatized entities）との非難を避けることに注意が向けられていた。立ち向かう唯一の方法は、第三次的なもの（the third order）は第二次的なもの（the secind order）の合流から結果するから、それぞれの特殊な第二次的な性質（each particular secind-order property）が、それ自身どのようにしてエラボレートされたものかを示してみせることである。

上記の注意は、創発的諸性質のエラボレーションを説明する同一の媒介的過程、つまりエイジェンツの間の交換と権力（第二次的関係の交渉力）の過程を堅持していることを意味する。諸結果の諸結果の諸結果とは、相互行為（interaction）の諸結果だから、同一の媒介過程とは、第二と第三の準位を結びつける恒常的な媒体でもあった。エイジェント的なエラボレーションを含む、それぞれの特殊な第二次的な創発物の源泉は、再びやはり、エイジェンツの間の交換と権力の関係にあり、エイジェント的なエラボレーションは、他のエイジェンツとの相互行為のなかで、構造的ならびに文化的な諸特徴を形態転換または再生産しようと企てる過程において起こる。だから、交換と権力の諸関係が構造と文化の二つの階層の間を媒介する原因なのである。エラボレートされるか否かにかかわらず、どの特殊な創発的性質にとっても、第一次的な諸資源の配分に依存している取引力（bargaining power）が、他のエイジェンツとの関係における、エイジェンツの交渉力（negotiating strength）へと変換されなければならず、こうして、交換と権力を通じてなされるエイジェント的な媒介は論証されなければならない。

　多くの社会分析の関心は、実質的な発展の社会的起源、その働きと社会的相互行為の帰結に対する諸効果、具体的な地域の変化などを説明することである。だが、他民族移植（multi-national transplants）などの特殊なＳＥＰＳ、ジェンダー化された諸信念などの特殊なＣＥＰＳ、エスニックな動員などの特殊なＰＥＰＳの、エラボレーションまたは再生産を説明するためには、起源、働き、エラボレーションであれ、傾向的諸力の一般的な言明ではまだ不適切である。なぜなら、社会の開放システムにおいては、発生メカニズムの無制約な働きに関係づけて答えられうることはほとんどまれだからである。だからといって、方法論が解釈的な理解の一種になる必要はない。議論の対象としてきた第二次的な諸性質を含めた社会諸現象は、予測的ではなく回想的（retrodictive ＜遡行的推論法＞）だったとしても、説明にもとづいて吟味できる。その説明的型式（the explanatory format）は、創発性の分析的歴史を提供することにあり、発生的なメカニズムの傾向的

諸力は、あらゆるレベルで、特殊な成果を生産するために介在する具体的でさまざまな偶然性の歴史的分析によって補完され、補足される。型式そのものは、三つの局面をもった形態生成／安定のサイクル以外のものではない。この三つの局面は、直面する問題に従って区画されている。分析的な三つの部分は、第一に、先行する諸資源、ライフ・チャンス、既得利害、そしてエイジェントに状況的に媒介されている取引力の配分による「構造的条件づけ」、第二に、構造的条件づけの諸要素やその他の構造的諸要因によって、さらには、社会的親和性（相補性）と矛盾とによって、究極的には譲渡不可能な革新的エイジェンシーの反省的モニタリングによって、条件づけられた「社会的相互行為」、第三に、「構造的エラボレーション」であり、これは条件づけと偶然性の組み合わせのなかで、取引力が協働的エイジェンツの間の交渉力にどのように転換するのか（そもそも転換するのかどうか）に依存している。だが、組み合わせも転換も、エイジェンツを強制したり促進したりする機械的な過程ではない。それらは、自己意識的なエイジェンツの状況づけられた産物なのであり、エラボレーションを媒介する交換と権力のエイジェンツによる戦略的な行使がつくりだすものである。

（1）　Anthony Giddens, *Central Problems in Social Theory*, Macmillan, London,1979, p.215.（友枝敏雄他訳『社会理論の最前線』ハーベスト社，1989 年，221 頁）
（2）　Roy Bhaskar, *Reclaiming Reality*, Verso, London, 1989, p.77.
（3）　Andrew Sayer, *Method in Social Science: A Realist Approach*, Routledge, London, 1992.
（4）　Anthony Giddens, *Central Problems in Social Theory*, Macmillan, London,1979, p.93.（友枝敏雄他訳『社会理論の最前線』ハーベスト社，1989 年，100 頁）

第8章　おわりに

1　エイジェンシーの形態生成の概念図式

　適切な形態生成サイクルは、研究される問題の視野の広さに応じて輪郭づけられるとはいえ、一つのサイクルとして、一定の時間的なスパンが導入された場合にのみ説明可能となり、先行的集団化と再集団化の基本的な特徴を含み、その構成諸要素は命名し直される必要がある。そこで、図8－1は、社会的エイジェンシーの二重の形態生成の構成諸要素を表している。

図8－1　社会的エイジェンシーの二重の形態生成の構成諸要素

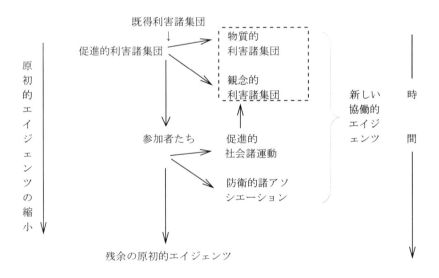

形態生成論的観点からすれば、社会的エイジェンシーは人々のある関係的性質をしめしており、その性質は先行的集団化の効果を生む構造的－文化的なコンテクストとの関係と、その後に続く再集団化の効果を生む他者との相互行為とを含んでいると同時に、相互行為の産物としてのエイジェンシーのエラボレーションがコンテクストそのものを変化させる。このように、エイジェンシーは構造によって形成されながら構造を再形成し、構造は条件づける媒体であり、相互行為のエラボレートされた結果である。だが、社会的コンテクストとエイジェンシーの相互作用の過程では、いつ、どこで、誰が、どのようにかを時間のなかで特定化しないかぎり、この過程の複雑性は相互構成という気まぐれのもと不確定のままにとどまる。

2　尊大さなしの必要な物語

　創発性の分析的歴史という考えは、物語的なものと分析的なものを相互に対立関係にあるとみなす傾向を超えなければならない。

　一方では、大きな物語について、歴史発展についてのマスター・キーをもっているとうぬぼれるならば、歴史的なものは、前もっての説明原理を例証するものになるため、歴史を分析する必要性をなしですますことができる。しかし、創発性についての分析的な物語は、偶然性の介入に応じて、多様で予測不可能なものになるから、物語ることの義務や発生的諸力の効果を検証する必要性をもたらし、絶対に尊大（grand）ではありえない。

　他方では、分析的な物語は、どんなバージョンの簡略化された歴史物語とも区別される。社会的実在論者は、出来事の唯一性についての蓋然性を受け入れることになんの困難もないけれども、実在的でしかも観察不可能な発生メカニズムを承認するのであり、歴史の諸結果を正確に説明するために、実在的なもの（the real）［超事実的な、現象の生成的メカニズム（構造、関係性、因果力）］、現実的なもの（the actual）［具体的な出来事の領域］、そして経験的なもの（the　empirical）［経験する世界］の間の相互作用の分

析に向かう。

　創発性の分析的歴史は、通約不能性とか比較不能性の名でもって、分析を回避するポスト・モダニズムの流れに反対の立場である。ポスト・モダニストたちは、社会理論における一般化の野望に対して、尊大な物語を禁欲せよと説諭するが、創発性の分析的歴史は尊大なやり方ではなく、このような野望を抱いている。

　実践的な社会の理論化は、そのような物語を生産する仕事を避けることはできない。その目的は、所与の時代の所与の社会において、なぜ物事が、構造的に、文化的に、あるいはエイジェント的にそのようになっていて、他のようではないのかについて説明することである。創発性の分析的歴史は説明的で、回想的で、修正可能な考察であるため、分析的な物語は尊大ではありえない。なぜなら、物語る必要が生じるのは、偶然性が歴史の来歴とその帰結に影響を与えるからであり、物語られるものは、必然性と偶然性の相互作用だから、非分析的なものあるいはレトリック的なものにはなりえない。現在の知識の意存的な状態に依存して、新しい学問の光のもとに、修正可能で見直し可能なものである。

あとがき

科学とは何か。特に、自然科学ではない社会科学とは何か。そもそも社会科学は科学といえるのだろうかと、数十年前、素朴な疑問を抱いていた。自然科学は、たとえ自然現象の対象分野が異なっていても、一定の条件のもとでの実験という主たる手段によって、明解な結果を導く再現性に基づいて、その法則性を観察可能な形で説明できているのに対し、社会科学は何とも頼りなかったからである。

自然哲学から始まった、自然現象に対する何か本質的なもの、根源的なものへの探究の営みは、ソクラテスにより、知そのものへ、あるいは知への人間の探究の営みそのものへと関心が移行した。師の問答法を継承しつつ、本質的なものを個物から遊離した真実在としてイデア論を展開したプラトンに対し、万学の祖と呼ばれたアリストテレスは多岐にわたり、自然学、形而上学、論理学、倫理学などに繋がる礎を築いた。

その後、近世において、物理学や化学などの自然現象を研究対象とした自然科学は実学的なものとして地位を確立したのち、近代になって、社会現象を研究対象とする社会科学も盛んになった。ただ、地球上から対象とする自然現象は悠久の普遍的現象であるのに対し、社会を構成するメンバーとしての諸個人は、歴史的偶然性のうちにある生の存在様式のなかにあり、歴史主義を大前提としなければならない。その上で何を、どのように究明しようとするのかによって、広義の社会の研究が分化してきた。

社会科学を科学か否かと問う姿勢が、自然科学的方法一元論の尺度でみていることになり、その意味では、もはや社会科学は科学ではないことになる。人間行動が織りなす社会の現象を対象としているかぎり、自然科学とは対象が本質的に異なっていることが、観察という研究方法を多元的に

導くことになるのは必然なのであった。社会現象の対象分野が異なっていても、同じことである。

　それにもかかわらず、社会科学の、特に社会学の言説は、納得させるのに充分なほど魅力的なものだった。それが科学であろうとなかろうと、読者を満足させるものだった。そのことは経験的妥当性の規準からの評価に他ならなかったし、価値としての位置づけをもたらした。自然科学の方法一元論における科学ではないが、社会現象の研究の多元的方法論における客観性の高い社会的知の価値を保持しているからである。

　多元的な方法論のなかでは、自然科学の延長線上であろうとした数量化に基づく方法は、経験的な社会研究の実証主義的傾向を強めた。自然科学に対する準科学的地位に甘んじながらも、実証主義に徹しようとしてきた社会現象の研究であった。それに異議申し立てをする歴史主義を大前提とする流れが19世紀後半頃から現れ始め、、人間行動の動因としての精神的活動を重視した現象学や精神科学が台頭してきた。理解や解釈という用語が意味づけとしての行為論にも繋がった。

　いずれにしても、歴史主義や人間科学といった19世紀後半頃からの離脱志向は、第二次世界大戦後、学界の中心がアメリカに移行し、実証的な経験科学が主流となり影が薄くなったが、1970年代前半頃までのパーソンズ機能主義社会学の誇大理論が批判を受けるなか、本格的な情報社会への移行期である1980年代にポストモダン思想が興隆することで、その志向性は再び目覚めたようだ。社会学における1970〜80年代の理論的営為が「近代への問い」と称せられるのは、ある種必然的な動向なのであり、社会学の理論的基盤を模索するヨーロッパ諸国からの社会学再建を目指すものであった。

　社会の研究における欧米諸国の脱構築への趨勢は、現在までも続いているようにみえる。特に、実在論をキーワードとする脱構築である。実在論という哲学的次元から脱構築を試みようとする営みにおいて、英語圏で活発であるが、南欧諸国では観念論的色彩が強く感じられる。21世紀に入ると、実在論の地平を超えて、ニッチ構築理論を社会学に導入しようとする

進化社会学への道も探究されているようだが、本書はタイトル通り、80 〜
90 年代に模索していた時代の、特にアーチャーの実在論的社会理論を理解
することを、初学者とともに共有するためにある。

　アーチャーの立場は、ポストモダン思想を学術的側面から拒否しつつ、
反自然主義的で、歴史主義的な物語的知識を目指し、ミクロ−マクロ的視
座を超えた形態生成論的アプローチの社会の研究理論である。この社会理
論を実践的なものにして開花させるために、アーチャーの意に反するかも
しれないが、計量分析結果などの知も採り入れながら、次世代の社会学者
が経験的に検証可能な形で補強をしつつ、物語的知識としての価値を上げ
てほしいと願っている。

　2021 年 5 月

　　　　　　　　　　　　　　　　　　　松　森　武　嗣

補遺　国家的諸教育システムの創発の簡単な分析的歴史

　二つの国における一つの特殊なＳＥＰ（国家的教育システム）の創発の
要約的な分析的歴史を提示して、一つの形態生成サイクルの分析を叙述す
る。ただし、交換と権力の諸関係、文化（特にイデオロギー）の諸効果の
取り扱いは、この要約からは除いている。構造が、社会的相互行為や、エ
イジェンシーの独立の諸力とそれらの組み合わせを、条件づける仕方を例
証できるし、いつ、どのようにして、なぜ相異なるタイプの教育システム
が相互作用からエラボレートされたのかを例証できる。
　ここでの形態生成のサイクルは、構造的エラボレーションと国家的教育
システムの創発との関連を示している。国家教育システムとは、「国民的
な広がりをもった、正規教育にたずさわる諸制度の分化した集積であり、
そのいたるところにいきわたる統制と監督は部分的には行政統治的なもの
であり、その構成部分と諸過程は、相互に関係し合っている」(1) と定義さ
れ、これは最初のサイクルの終着点である。国家的教育システムの創発が、
その後の教育的相互行為に対して異なる条件づけ的影響力を示し、次のサ
イクルへと変化するからである。
　国家的教育システムの創発の歴史的分析は、先行する構造的条件づけ→
社会的相互行為→構造的エラボレーション、という三つの局面を描き出す
ことになる。条件づけは、エイジェンツが自らを見出す諸状況を形成する
ことを通じて働くと同時に、相異なって状況づけられたエイジェンツは、
ある既得利害をもつ。この既得利害は、同盟できそうな相手が誰か、また
その戦略的行為において引き出しできる資源はどのようなものかについて
影響を与え、この資源を動員する戦略的行為は、参加者たちの相異なる取
引力を決定する。

構造的条件づけ

　教育が私的な事業の問題になっていたという構造的コンテクストにより、協働的エイジェンツが変革のために多大な努力と多くの資源を費やすことになったのは、フランスとイギリスの最も重要な形式的類似性である。

　先行的な構造的コンテクストによる資源投入の統制のおかげで、その過程と結果において、重い資本負担と労働の要請とを満たす一つの制度だけが生まれた。ヨーロッパにおいては、聖職者の形成と民衆の教化のために正規教育に投資した教会と、教導のサービスという対価を提供した学校、大学、そして教師集団との間の、必然的で内的な関係のＳＥＰは必然的相補性を示していた。

　教会と学校は、防護の状況的論理に巻き込まれ、教会（フランスではカトリック、イギリスでは国教会）は、知の定義、教育的諸実践、教育的アウトプットの型と量を制度化しようとして、貨幣、人員、建物などの実質的な資源を投資してきた。制度的事業を強化し再生産するかたちで、教会にあった教導の性格をモニタリングし防護することに既得利害をもつようになり、教育職員の知識と価値は、教導権（Magisterium）の既得利害と重なっていた。生徒たちも聖職者（clergy）であったし、叙任は宗教的使命というより、職業的保証の問題だった。

　教会と教育との必然的相補性は住民の二分化をもたらした。たった一つの協働的エイジェンツだけが教育サービスを保証されたことから、教育とその他の諸制度との関係は偶然性の問題であった。その他の制度の営為の性質に、教育がもたらす客観的な影響力、つまり相異なる協働的エイジェンツが自らを見出す諸状況に与える影響力が媒介していたが、18 世紀半ばさえも、いくつかの協働的集団は、教育にわずらわされることもない制度的諸領域に関係づけられていた。

　教育の構造的条件づけで問題にしているのは、教育による観念の操作の有効性では決してなく、所与の時代における教育とその他の制度的実践との間の適合具合という実践的で客観的な問題である。ほとんどの制度の既得利害は、教育や教会支配に対しては中立であったし、長く続いた中立性、

無関心は、宗教的教育からなんらの利益をも保証されてこなかった広範な準集団が、支援者にも反対者にも転換できなかったことを意味している。

　教育の現状への支援ならびに反対の進む発展は、さまざまな制度的運営と諸利害そのものの偶然的な発展によって媒介されたものであった。制度的運営と諸利害は、外部的な受益者と妨害された諸党派という二つの協働的エイジェンツの区画化をもたらした。前者は、偶然的相補性の問題であり、ある協働的集団の制度的運営が、たまたま入手可能な教育的アウト・プットによって既得利害を促進されるようになったということである。受け取られる利益は行為のコンテクストに報酬を与え、制度的再生産に適合的な諸価値や技能をもった人員の徴募と再配置を容易にする。ある特定の外部的受益者たちは、利益を受けていることに気づかなかったり、過小評価するかもしれないとはいえ、真に中立的である人々とは異なる状況におかれていた。たとえば、イギリス国教会の支配の防護が崩れはじめて、教会の社会的統合と住民の静寂主義への貢献が認知されるようになった 19世紀の半ば以降、イギリス国教会に対するトーリー党の支援がみられた。

　教育は教会と必然的相補性の関係であり、また教導の定義と偶然的相補性の関係にある他の制度的運営の協働的エイジェンツから支援を受けようとするメカニズムは、他の制度に関係しているエイジェンツにとっては、状況を報奨的なものへと形成し、日和見主義の状況的論理（構造的諸関係の再生産）の動機を生み出す、無償の利得の受領を可能にするのである。それゆえ、外部的利益への反対にはある客観的な懲罰が結びついてくる。

　対照をなしているのが、現行の教育的諸実践によって妨害されるような諸制度的運営であり、偶然的不協和（contingent　incompatibility）の事例である。18 世紀終わり頃のイギリスの企業家たちは、非国教会的教派に所属しており、教育への参加を拒否されていたし、古典的カリキュラムの基礎的な教導は、企業家たちの関心にとって重要ではなかった。それゆえ、教育の再生産を支援することは、不利益を招くことになる。産業者たちの活動領域では、小学校を卒業した者たちは正当な価値をもたず，中学校や高等学校を卒業した者たちも技能と価値を欠いていた。就業訓練（in-service training）の戦略という、新しい費用を払ったときだけ、妨害を回避できたが、いずれにしても、大学審査法（入学者を国教会信者に限る法）によって、企業家のライフ・チャンスに制限が押しつけられていた。

　こうして、教育の現状に対する潜在的な支援者と反対者とを分ける条件づけの最初のメカニズムについて、また彼ら自身の制度運営における教育の現実的で客観的な適合度に従って、さらに教育の適合度が、既得利害の促進に努めている諸状況へと経験的に伝えられるのかに従って検証しはじめると、この構造的コンテクストにおいては、エイジェントの行う解釈が重要になる。彼らの戦略を説明するには、教育の状況だけではなく、システム的な諸関係が、後続する教育的相互行為の条件づけに適する多くの道程がある。

　①　障害の性質とその障害の排除を要求するタイプは、他のエイジェンツとの適合的な不平の重なり合いがなければ、反対行動の多元的形態が支配集団に与える衝撃力を減少させるし、形態転換を遅延させたり困難にする。この観点では、形態転換的圧力か、再生産的圧力かの構造化は、現状によって妨害されているエイジェンツが教育に対してなにを望むのか、促進させられたエイジェントはなにを望むのか、に関係する。

　②　教育の現状への条件づけ的影響力は、中立的な準集団に影響を与える教育以外の他の制度的諸関係によっても変更を受ける。この観点では、①の構造化のさらなる構造化が関係する。協働的エイジェンツが、教育以外のその他のどんな諸利害を、同盟の内部で防護し促進しようとするのか、排除しようとしているのかと関係する。

　③　①と②が結びついた結果は、再生産的または形態転換的な集団化の初期の諸形態が、諸資源のシステム的な配分に対して特殊な関係に立っていることを意味している。諸資源の配分は、集団の戦略的行為のタイプや集団間の抗争における同盟の取引力にも影響する。教育に向かい合っている協働的エイジェンツの力は、教導と集団の制度的運営との接点にだけ条件づけられるのではなく、それらが組み込まれている構造的諸関係のより広い網の目からも生じ、その構造的諸関係の網の目の影響力は、社会的相

互行為にとって最も重要な協同（collaboration）と諸資源にもとづいている。

④　協同と諸資源の要素の状態は相互行為のなかで変化するけれども、それらの中心的役割は、防護という状況的論理を追求している人々が不協和関係（incompatibilities）に直面するとき、抗争が条件づけられるという事実から引き出される。教会側への異議申し立てにより、他の協働的エイジェンツが交渉から得ることのできる小さな変更は、相互の協和関係によって設定され、教育的変更が大きいために交渉が排除されるときには、妨害されているエイジェンツが支配集団に打ち勝つこと（教会側の防護策を破壊すること）によってのみ解決できる。こうして、大きな規模の教育的変更は、現存の構造的関係（教会と教育の間の必然的協和関係）が破壊され置き換えられるときにのみ生起する。つまり、競争的抗争を通じて古い必然的相補性が破壊されたときにのみ形態転換され、教育以外の諸領域の運営上の諸要求に仕えるようになる。教育に対する他の諸関係が偶然的であるという事実の意味は、防護する者たちは妨害されている人々からの無制約な排除の論理に直面するということである。上述の①、②、③で分析した以外の諸関係に加えて、条件づけ的影響力の作用には限られない戦略的な相互行為そのものの諸結果ということになる。

社会的相互行為

外部的受益者たちも、妨害されているエイジェンツも、転換に向かう教育の構造的な傾向に対して、その他の諸関係が中立化させたり、対抗的に作用できるから、支援者集団や反対者集団に直接に転換するわけではない。それゆえ、イギリスでもフランスでも、形態安定の維持のための同盟形成に基づく教育的条件づけの影響力を消し去ることはなかった。それどころか、フランスでは他の制度的諸関係から生じる条件づけの影響力が、聖職者と貴族との同盟への傾向を二度にわたって強化した。一方では、聖職者と貴族は特権的身分を構成していたため、類似した既得利害がゆえの必然的結びつきは、教育上の関係を超えていた。他方では、啓蒙主義思想が第三身分のブルジョワ層に浸透するにつれて、ブルジョワ層は政治的に急進

化し、世俗的なものになっていったのに対し、貴族は聖職者の教導から受け取る利益に時間を要しなかった。1762 年のジェズイット派（教皇至上主義のイエズス会士）の追放後、ガリア教会（教皇庁に対するフランス教会の独立を目指すカトリック教会）風の外貌とより近代的なカリキュラムを伴った、オラトリオ派の規律がズレを生んでいったから、教育的ヘゲモニーを防護するために、教会への貴族の支援が強化された。

　イギリスにおいても、イギリス国教会と政治的エリートとの教育上の同盟が、政党政治によって複雑化させられたけれども、教会の国定制ではなく、他の内的で必然的な制度的諸関係によって固められていた。19 世紀初めまでには、制限された参政権にもとづくエリート主義的統治に対する教会の貢献を承認していたトーリー党（Tory　Party ＝保守党）とウィッグ党（Whig　Party ＝自由党）は、国教会の諸原理に基づく貧困者の教育推進のための国民協会を支持し、家族と階級という社会的紐帯が国教会の指導者たちと二つの政党政治のメンバーたちとを結びつけていた。だが、1832 年（第 1 次選挙法改正）以降、ウィッグ党が非国教会派の投票を受けるようになり、トーリー党は国教会の教育との同盟者となっていった。

　フランスは、教育的な抗争の分極化が、他の構造的影響力（社会的紐帯や忠誠心）によって抑止されなかった顕著な例である。分極化で重要だったのは、ブルジョワジーの集団のなかに挫折を引き起こしたさまざまな妨害作用であった。カトリックの教導は商売や金融に重要ではないし、資格につり合った官職を獲得できないという複合的な不利益が、教育の変革に参加する活動家たちを徴募するように、また支配者である聖職者身分とその高貴な支援者たちの特権者そのものに反対するように条件づけていた。同時に、人民たちは、聖職者によって抑圧され、貴族によって搾取されて、財政的圧迫を受けていたので、ブルジョワジーは、特権者と人民との構造的矛盾から利益を引き出すことができた。こうして、教育的自己主張へ向けて構造化された傾向性が、社会的分断と政治的対立の源泉に重ね合わせられることになり、他の必然的なまたは偶然的な諸関係に制約されながら、教育的主張がブルジョワジーによって鼓舞され、自己主張する取引力が増

大していった。だが、法的に構造化された社会的抗争につなぎ止められた教育的抗争の問題は、革命前のフランスにおける諸資源の分極化された配分と厳密に並行していたため、産業的中産階級というより、専門家集団と商業者集団であったブルジョワジーにとって、最も貧しい第三身分との同盟は、財政問題の改善にはなんの役にも立たなかった。実践的には、教会から教育の統制権を奪い取る方法は二つしかない。競争的なネットワークを構築して教会の教育的準備財の価値を低下させる市場競争か、教会の教育的準備財を没収する法的制限かであるが、政治的権力の形態転換なしには、ブルジョワ的諸利害を前進させることができなかったので、協働的エイジェントの政治的交渉力を拡大していくために、第三身分との協同が至上命令となった。

　これと対照的に、イギリスの反対派の形成に影響したのは、二つの集団の発展が要因であった。19 世紀の最初の数十年の間には、労働者階級との同盟が共同行動を促進したが、中産階級が選挙権を得た 1832 年においても労働者階級に公民権がない状態は、分離した政治的利害を際立たせることになり、ブルジョワジーとの分離が、政治経済的啓蒙と連動した世俗的な教導のための、労働者側による独立教育の主張の引き金となった。諸資源に関する問題のため、ブルジョワジーと労働者階級の分岐は困難を増大させたけれども、産業家たちは、学校と学校とを結びつける方向に前進していき、国教会のネットワークに大きなダメージを与えることができた。教導を受けた階級が公民権に有利なチャンスをもつというブルジョワジーの指導者たちの確信により、チャーチスト学校や科学館（Hall of Science）や職工学院（Mechanics Institutes）が、国民協会系学校（国教会系）と企業家のための内外協会系学校（非国教会系）を派生させていった。初期の二つの協会の間の市場競争という形態になり、1870 年代に全国基礎教育制度の成立を要求する非国教会系運動団体と防護的な国教会系運動団体が形成され、19 世紀末まで続いた。

構造的エラボレーション

　ここでの目的は、変化の特殊なメカニズム（競争的抗争の過程）を、国家的教育システムの創発と結びつけることであるが、この国家的教育システムは、先行形態である「一元的統合（mono integration）」とは異なり、その他の社会諸制度との内的かつ必然的な関係をもつ「多元的統合（multiple integration）」の形態であった。

　フランスは、単一の自己主張する同盟が、教会における教育的諸資源の独占的な所有権を、政治的に破壊することに成功したケースであるが、政治的権力の保持だけでは教導を定義する能力を与えることができないという論点を説明してくれる。政治権力は、学校の閉鎖や教師の追放、教育資産の国家による没収によって、旧支配を制限するための法的手段を提供するが、教育統制と同義ではないからである。新しい教育の諸施設に置き換えつつ、統制が確保され、教導の定義が押しつけられる第二ステージが起こるためには、中央の立法機関へのアクセス権だけではなく、十分な諸資源を動員する政治的能力も要請される。ところが、革命による新制度への置き換えは、第三身分をまとめ上げる必要性によって、観念的かつ財政的諸問題を提示することになった。

　一方では、三つの革命議会におけるブルジョワジーの代理人たちは、人民の既得利害に奉仕できる教育改革の共通の規準を打ち出すことに失敗し、他方では、どのようにこの置き換えを財政的に支えるかという問題があった。つまり、革命は新規の課税を押しつけるリスクを犯すことができなかった。これらの問題を払拭できたのは、議会から執政官制度を経て、教育の国家主義を強権的にできた帝国政府のナポレオン的な軍国主義であった。

　自己主張する同盟と政治的エリートとは同じ広がりを示しているから、公的教育の基金を組織するために中央の立法機関を利用することが可能になる。公的教育は、ブルジョワジーに対して国民レベルの教育のアウト・プットを統制することを許し、公的支出で行えるという魅力をもっていたが、ここで生起してくることは、政治体（polity）への教育の統合だけでな

表補　フランス、イギリスの略年表

1789	フランス革命
1792	第一共和政
1804	第一帝政（ナポレオン 1 世）
1830	7 月革命（7 月王政）
1832	6 月暴動、第 1 次選挙法改正（英）
1848	2 月革命（第二共和政）
1852	第二帝政（ナポレオン 3 世）
1870	普仏戦争。初等教育の公立学校設立（英）
1875	第三共和政
1902	トーリー法（英）

く、公的支出の動員とともに、教育の所有権と統制権とが特権的身分から
はじめて分離するという国民国家システムの創発である。教育は国家が供
給する資源に依存して従属的なものになるため、統制は企業家的なものか
ら管理者的なものになり、また教導を定義する能力は政治的地位と結びつ
く新しい事態となる。

　ところで、教育への公的支出を政治的に支援することへの要求が意味し
ているものは、さまざまな協働的諸集団が、自らの特殊な教育需要を政府
によって支払わせるという条件のもとで、自分たちへの支援策をつくりだ
しうるということは、相対的な交渉力（negotiative strength）の問題である。
自己主張する同盟が、教育と自分自身の制度的既得権との間に相互依存関
係を打ち立てようとする制度的置き換えは、政治的エリートによる諸目標
をも超えて、教育サービスの多様化に依存したものになっていく。意図し
たものと意図されなかったものが混ざり合って、創発する構造的諸関係（多
元的統合）の性質を決定する。

　フランス教育制度の置き換えの局面（1805 年から 33 年まで）は、政治
的エリートたちが最大限の利益を得るような教導の形態を発展させること
に優先権を与えてきた。最初の置き換えは、一般市民階級とナポレオン皇
帝の軍事的要請に応じるものだった。将校たち、市民的公僕たち、教育専
門職者を供給するために、資源がトップに集中され、能力が国家的サービ

スに結びつけられ、エリートの専門職的ブルジョワジーは、次のサイクル
における教育的再生産のうちに、新しい既得利害を獲得することになった。

　1830 年 7 月王制の新しいブルジョワジーの政府は、支援の基盤を産業的
経済エリートに置き換えたけれども、旧支配集団の機嫌をとるために初等
の教導は教会に与えられた。職業学校（高等小学校）の設立は、商業、工
業、ビジネスの管理のための技能を提供したが、高等レベルの教導と国家
サービスの結合を妨害することはなかった。このような多元的統合は意図
せざる結果であるが、国家的教育システムの創発に必然的に付随するもの
である。さまざまな制度的運営に奉仕する教育のアウト・プットの多様化
は、政治的エリートが公的諸資源を動員するために支払う対価であり、私
的所有権抜きの教育統制のための費用である。

　これに対し、イギリスでは異なっている。市場競争の仕方で働く複数主
義的な諸集団が、別々のオルタナティヴな教育のネットワークを、教会の
統制の外部で発展させる方向に導いていった。国民協会（the National
Society）は、初等分野を、国教会所属の学校ネットワークと、内外協会（the
British and Foreign School Society）という組織を通じて、企業家と非国教徒
との同盟によって開設された別の学校ネットワークとに分割するように運
動を進めていった。両方の側が支出を競ったので、分化した自律的な小学
校のネットワークが並行して発展しつづけることになったし、中等レベル
でも高等教育においても同様であったから、教育上の抗争は、フランスで
起こった教育統制権の移動を帰結させなかった。その代わり、動員されう
る資源は無限ではないので、最終結果は協働的エイジェンツの間に行き詰
まりが生じたことである。19 世紀までの手詰まり状態の打破のために、国
家は未開発の巨大な源泉を表していたため、教育は否応なく政治的アリー
ナに引きずり込まれ、新しい資源または法的規制を獲得しようとする、政
治的な同盟形成の時代がやってきた。国家的教育システムの発展は、政治
的介入を追求する諸党派がもたらした意図せざる結果なのである。

　多元的統合と国家的教育システムの起源は、それぞれ独立のネットワー
クのうちに見出され、それぞれの側は教導の相異なる定義を体現していた。

しかし、創発する国家システムのタイプは、それらを合計したものではなく、交渉、調停、譲歩と強制の産物であり、もともとのネットワークを変容させていった。政党の支援は、教育上の抗争を市場の場から政治的アリーナの中心へと移動させていき、今度は政府と反対派との抗争が、ネットワークを保護する効果をもつことになった。たとえば、1870 年の決着（初等教育の公立学校設立）は、自己主張する同盟に利益をもたらす「二元的システム」を構築し、与党である自由党との権力バランスを反映するものであった。その後、トーリー党支配の 1875 年以降の四半世紀の間には、国教会派は地方税からの援助（rate-aid）を要求し、非国教会系の上級学校（中等教育学校）の解体をせまった。だが、1902 年にはイギリス教育のための単一の中央権力を生み出し、国民教育のシステムを形成するために、二つのネットワークを組み入れたトーリー法（the Tory Act）が成立した。国家システムと多元統合を生み出すこのメカニズムは、抗争し合う協働的エイジェンツが、自分たちの教育上の諸利害を追求したこと以外のなにものでもない。教育を国家に結びつける、政治的エリートによる代理的社会的相互行為のタイプは、システムが国家権力による制限的な諸起源によって特徴づけられる、フランスのようなタイプとは異なっている。

　イギリスでは、政治的エリートは財政支援を求め、企業家たちは統制を強めるために政治的支援を得ようとし、こうして教育のシステムは周辺的な革新から創発し、政府へと収束していった。つまり、相異なる利害に奉仕していた教育的なネットワークが国民的なシステムを形成するために組み込まれていき、創発的システムが政府と反対派との相互作用によって具体化された。フランスでは、強力なエリートが多様な既得利害に仕えるために国民教育システムを設立し、政府が主導権を発揮して上から下へと発展した。

　図補は、創発の歴史を補強する分析的な枠組みを要約したものである。

（ 1） Margaret S.Archer, *Social Origins of Educational Systems*, Sage, London and Beverly Hills, 1982, p.64.

図補　教育的相互行為の構造的条件づけ

社会の他のところ
からの構造的影響力

社会の他のところ
からの独立的影響力

支持的相互行為

カテゴリー1
諸制度

中立的

支援的
集団

無効果

教育的
支配集団
→
教育訓練
の定義
→
教育のアウト・プット
→
カテゴリー2
諸制度

付随的受益者
たち

支配集団を
支援する場所

主張する
集団

カテゴリー3
諸制度

妨害を受ける
者たち

支配集団に
反対する場所

反対的相互行為

教育の構造的諸関係

教育的条件づけ的相互行為の構造的諸関係

教育的相互行為の全決定要素

教育統制

教育的抗争

──→　構造的影響力
------→　独立の影響力

付録　理論的分析への方法論的手続きの諸留意

1 〔研究対象の時間的区分〕
　対象となる研究問題は視野の広さに応じて輪郭づけられ、一つのサイクルとして、一定の時間的なスパンを導入し、さらに過程の流れを分解して、時間的に区分する。

2－1 〔サイクルの形式的、実質的項目〕
　形態生成のサイクルの分析的な三つの階梯は、創発性－相互作用－結果である。分析原理はその過程の流れを分解して、当面する問題によって決定されるさまざまな間隔に分けることにある。分析的サイクルの時間的把握は構造化を理解するための基盤を表現しており、それが構造のエラボレーションの特殊な形態の説明を可能にする。異なる構造と創発的メカニズムの実質性についての実在論に依拠し、形式的な項目においては、社会実在論（「諸部分」とエイジェンシー）の説明的枠組みを組み入れ、実質的な項目については、どの構造が、あるいは相互作用のどのタイプが、またはどの結果が、優先されるべきか、そしてそれらはどのように分析されるべきかが問題となる。

2－2 〔構造の特質〕
　構造は、行為のパターンを条件づけ、エイジェンツに戦略的方向づけの案内を提供するような、ある客観的な影響力である。

2－3 〔説明的枠組みの原則〕
　説明的枠組みとは、（ａ）創発的メカニズムとしての先行実在的な構造、（ｂ）先行実在的構造と因果的力をもった他の諸対象（エイジェンツ）ならびにそれらに固有の傾向性との間の相互作用、（ｃ）階層的な

社会的世界の相互行為から生じる予測不可能な、しかし、決して説明不可能ではない諸結果の生起、という三点を据える。

　ここで、①さまざまな制度的部分間の関係の複合的な組み合わせである所与の構造は、条件づけるが決定はしない。②エイジェンツの活動は構造的変化にとって必要条件ではあっても十分条件ではなく、部分的には現在のエイジェンツから生じる社会組織によっては条件づけられていない行為のさまざまな志向から起こってくる社会的相互行為（相異なるライフ・チャンスを異なる諸集合体に配分する「社会的階層化」の物語）が、③構造的エラボレーションまたは修正を導く。さまざまな部分の間の関係の変化であり、①の状態から③の状態への移行は直接的ではないことに留意しなければならない。

2－4〔「社会的な」ＰＥＰＳのエラボレーションの過程の解明〕

　「社会的なもの」の指示対象は、多様で特定化を必要としている。なにが指し示されるかは、創発的諸性質の特定の階層に向けさせるような研究の分析目的に依存している。「社会的なもの」は、第二次的な諸性質（特殊なＳＥＰＳ、特殊なＣＥＰＳ、そして特殊なＰＥＰＳ）から結果する第三次的な諸性質（ＳＥＰＳとＣＥＰＳとＰＥＰＳの間の諸関係）として取り扱われてきた。しかし、ＳＥＰＳとＣＥＰＳの合流は協働的エイジェンツであり、二重の形態生成によってエラボレートされているＰＥＰＳの力によって媒介される場合にのみ効果をもつと強調することで、「社会的なもの」の動力学が物象化されたりはしないと主張すること、および第三次的な構成諸要素が実体化された存在との非難を避けることに注意が向けられていた。立ち向かう唯一の方法は、第三次的なものは第二次的なものの合流から結果するから、それぞれの特殊な第二次的な性質が、それ自身どのようにしてエラボレートされたものかを示してみせることである。

2－5〔構造と行為の媒介項（意図性）〕

　「構造的な条件づけ」は、構造と行為をつなぐ「メカニズム」ではなく、両者を結びつける「媒介項」であり、バスカーにとっても、「意図

性」はエイジェンシーを構造から境界づけるものである。

2－6　〔資源配分の構造と既得利害集団との内的関係の解明〕

　　形式的レベルでは、制度的な相互行為は、資源を利用することによって成り立っている。取引に占める各集団の地位（たとえば資源の量）が明白にもかかわらず、交換の諸条件を特定することは、最初の地位に加えて、関係的な手段である集団の交渉力を与えるものがなにかを示すこと（協働的エイジェンツの創発的な「諸資源と諸関係」）である。つまり、社会的相互行為または社会－文化的相互行為は、資源配分の構造と物質的ならびに観念的な既得利害集団との変化する内的関係によって説明される。

2－7　〔取引力から交渉力への変換と、交換と権力の過程の解明〕

　　歴史的に重要な出来事の確定のみならず、展開もする。構造的条件づけ（「媒介項」）の概念化や、構造的影響がどのように特定の地位と状況のなかにいる特殊なエイジェンツに伝達されるのかの理由、そして、形態生成に帰結するような戦略的な組み合わせについての研究である。それぞれを詳述すれば、分析的な三つの部分は、第一に、先行する諸資源、ライフ・チャンス、既得利害、そしてエイジェントに状況的に媒介されている取引力の配分による「構造的条件づけ」、第二に、構造的条件づけの諸要素やその他の文化構造的諸要因によって、さらには、制度的諸構造の間の相補性と矛盾とによって、究極的には譲渡不可能な革新的エイジェンシーの反省的モニタリングによって、条件づけられた「社会的相互行為」、第三に、「構造的エラボレーション」であり、これは条件づけと偶然性の組み合わせのなかで、取引力が協働的エイジェンツの間の交渉力にどのように転換するのか（そもそも転換するのかどうか）に依存している。第一次的な諸資源の配分に依存している取引力が、他のエイジェンツとの関係における、エイジェンツの交渉力へと変換されなければならず、こうして、交換と権力を通じてなされるエイジェント的な媒介が論証されなければならない。つまり、エイジェンツの間の交換と権力の過程である同一の媒介過程は、第二と第三の階層を結びつける恒

常的な媒体（交換と権力の諸関係が構造と文化の二つの階層の間を媒介する要因）である。

3 〔構造的ないし文化的な創発的諸性質の分析的峻別〕

　　構造と文化が中間の境位（第二局面）で交差しているだけの理由ではなく、その交差によって構造的な創発的諸性質と文化的な創発的諸性質が社会的相互行為に還元される危険にさらされる。だからこそ、社会的エラボレーションの諸原因の振り分けについて理論化するときには、構造的ないし文化的な創発的諸性質それ自身が、その内的諸関係（第二次的）そしてその創発的諸性質（第三次的）として、因果的に重要な効果をもっていること、および分離あるいは構造的形態生成と文化的形態生成との合流に対して、注意を向ける必要がある。

4－1 〔システム概念〕

　　システムは、諸構造を「もっている」のではなくて、諸構造およびそれらの諸関係によって構成されている。諸構造の間の不協和と相補性は、システム的なレベルでの創発性の特徴を示しており、内的で必然的かもしれないし、外的で偶然的かもしれない。

4－2 〔社会システム概念〕

　　社会システムは「創発的性質」である「構成要素」の制度的構造の特殊な編成体とみなされ、この編成体において、社会システムの創発的特徴は、構成諸要素の間の関係に由来する。つまり、制度的構造の非観察的で創発的な因果的諸力の組み合わせ（諸関係＜創発的諸性質＞の間の諸関係）が、さらなる創発的なシステム的諸性質を生み出す。

4－3 〔システム的諸力の作動性〕

　　システム的な規模で潜在的に存在する影響力（第二次的な影響力）が現実化するかは、より下位の諸レベル（第一次的な影響力）における条件づけと適合しているか、あるいは適合していないのかに依存している。前者は現実化をもたらし、後者はシステム的な諸力が作動しないまま存

続している。

4－4〔四つの制度的編成体〕

　　制度的諸関係に関連する四つの第二次的な可能性、つまり必然的相補性、必然的不協和、偶然的相補性、偶然的不協和をつくりだす。四つの概念は、制度的なものを分析するやり方であり、また、相異なる社会的な諸構成体あるいは諸編成体をつくりあげている。

4－5〔創発的性質の発展〕

　　第一次的な創発的諸性質は先行する社会的コンテクストの社会的相互作用の諸結果であり、第二次的な諸性質（構造的な差異化、観念的な多様化、社会的再集団化）は第一次的諸性質のなかにおける必然的で内的な諸関係の諸結果の諸結果を構成している。そして、第三次的な諸性質（三つの第二次的創発的性質の発展の関係）は、諸結果の諸結果の諸結果として、その帰結が社会的な形態生成または形態安定のいずれかであるような諸成果を表現している。

4－6〔構造的ないし文化的な創発的諸性質の関係〕

　　構造的創発的諸性質（諸配分、諸役割、制度的な諸構造、社会諸システム）は、物理的なものであれ人間的なものであれ物質的な資源をともなっていて、関係そのものに固有の因果的力を生み出すような内的かつ必然的な関係である。これに対し、文化的創発的諸性質は規則対規則の関係である。

4－7〔構造的創発的諸性質の内実〕

　　階層化を形成する最も決定的な配分（階級、地位、権力）も構造的創発的諸性質（実在的諸集合体の間の内的で必然的関係）であり、さらなる関係としては、集合体とその社会に行き渡っている生産様式、市場調整、権力の制度化、地位授与の形式的メカニズムのような存在との関係である。

4－8〔社会的エラボレーションのプロセス〕

　　ＳＥＰｓとＣＥＰｓとの関係が適合性の関係か不適合性の関係かは、社会的相互行為の諸結果［過去の相互行為の諸結果（第一次的な創発的

諸性質）］の、その諸結果［構造的諸構成体ないし文化的諸構成体の諸相互関係（第二次的な創発的諸性質）］の諸結果［社会諸システムと文化諸システムの諸相互関係（第三次的な創発的諸性質）］についての関係であり、それらの関係は、社会的相互行為に対しての最終的な条件づけ的な影響力を構成しており、特に第二次的な創発物（構造的な差異化、観念的な多様化、社会的再集団化）相互の関係は、構造的ないし文化的な形態生成／安定とにとって重要性をもっており、その後に続く軌跡には全体社会的と部分社会的とがあるが、形態生成的（不協和）か、形態安定的（相補性）かを条件づける最終的な原因となる。

４－９〔構造と文化の交差におけるＰＥＰｓ〕

　　構造的な形態生成／安定と文化的な形態生成／安定との間の調和は、どのようにＰＥＰｓに影響を与えるのかと尋ねてみる。この問いに答えるなかで、いつ、どこで、誰のもとに、再生産的な力あるいは形態転換的な力が存在しているのかについて理論化できる。

４－９－１〔構造的形態安定と文化的形態安定との結合〕

　　どちらの領域も他方に対して均衡的であり、両方の領域の維持に貢献する。だが、永遠に続くわけではない。なぜなら、観念的な伝統主義を分断させる文化の内的な原動力があるからである。

４－９－２〔文化的形態安定と構造的形態生成との乖離〕

　　文化的エラボレーションは、二つの領域の交差点で、Ｓ－Ｃ的相互行為に対する社会的相互行為の影響を通じて引き起こされる。文化的エラボレーションに対して構造的エラボレーションのほうが、より大きな影響力をふるい、その影響力は、組織化だけでなく観念的に表明するようにもなる協働的エイジェンツの結晶化を通じて行使される。

４－９－３〔文化的形態生成と構造的形態安定との乖離〕

　　文化の内的な原動力により、観念的な変化が社会的再集団化を刺激して、物質的な利害集団の間の多様性または分断（ＳＩの偶然性）が深まり、社会的不安定化が構造的エラボレーションに帰結するときには、文化変動の長い期間におよぶ経過としてみることができる。文化変動は、

集団分化（ＳＳの偶然的相補性）または再分化の蓄積によって社会構造に影響力を及ぼす。

４－９－４〔文化的形態生成と構造的形態生成との結合〕

　文化的生き残りと卓越とがかかっている観念的集団にとって、支援獲得の対価は、しばしば物質的利害に訴えて、皮肉なことに彼らの側での観念的な順応となっていく。それとは逆に、観念的な承認へと最初に動いていく集団は、社会－文化的な次元を社会的相互行為に導入することによって、文化的領域の状況的論理の効果を引き起こす。要するに、社会的相互行為とＳ－Ｃ的相互行為が相互に強化し合っており、二つの領域における競争、多様化および再組織化を経ることが、双方の領域で形態生成を促進する。課題の要点は、構造と文化が相互に影響し合う諸条件を、また他方に対して一方がより大きな影響力をもつことに帰結する諸条件を定義することである。

４－１０〔形態生成における再配分、再構成、再集団化〕

　形態生成の間中、三つのサイクルのすべてが、社会的エイジェンツの再集団化、物質的資源の再配分、観念的資源の再構成を経験する。

５－１〔エイジェンシー概念〕

　活動目的を供給する原因を与える媒介メカニズムとしての「エイジェンシー（活動誘発メカニズム及びそれによる活動性）」は、人格を行為者に連結する中間的要素であり、人間存在－エイジェント－行為者の系譜学をなす。したがって、人格的アイデンティティと社会的アイデンティティとの間の橋が、「エイジェンシー」という概念である。

５－２〔社会的エイジェンシー〕

　社会的エイジェンシーは人々のある関係的性質をしめしており、その性質は先行的集団化の効果を生む構造的－文化的なコンテクストとの関係と、その後に続く再集団化の効果を生む他者との相互行為とを含んでいると同時に、相互行為の産物としてのエイジェンシーのエラボレーションがコンテクストそのものを変化させる。このように、エイジェンシ

ーは構造によって形成されながら構造を再形成し、構造は条件づける媒体であり、相互行為のエラボレートされた結果である。

5－3〔社会的エイジェンツ〕

　社会的エイジェンシー（能動的な社会的役割制作メカニズム及びそれによる活動性）を集合的な相互的関係、つまり再集団化を通じて再定義される集団や集合体の間の相互行為によってみることは、役割ではなくて利害に関連した問題に立ち向かう社会的エイジェンツ（役割を能動的に制作し、社会的地位をつくりなおす諸集団ないし諸集合体）の概念が、規則に支配される単数的な社会的行為者の概念と同義ではない、ということである。

6〔物語的知識の暫定性〕

　歴史の諸結果を正確に説明するために、実在的なもの［超事実的な、現象の生成的メカニズム（構造、関係性、因果力）］、経験的なもの［経験する世界］、そして現実的なもの［具体的な出来事の領域］の、三つの階層がどのように相互に結びついているのかを分析することであり、物語る必要が生じるのは、偶然性が歴史の来歴とその帰結に影響を与えるからであり、物語られるものは、必然性と偶然性の相互作用だから、現在の知識の意存的な状態に依存して、修正可能で見直し可能なものである。

索　引

著者プロフィール

松森　武嗣（まつもり・たけつぐ）

1957 年長崎県生。
鹿児島大学法文学部および九州大学大学院
文学研究科博士後期課程単位取得満期退学。
別府大学文学部教授（専攻－社会学）。
著書：『長崎の後期中等教育の変容』（三恵社）

初学者のための
アーチャー実在論的社会理論の要諦

2021 年 8 月 30 日　初版第 1 刷発行

著　者　松森　武嗣（まつもり・たけつぐ）

発行所　ブイツーソリューション
　　　　〒466-0848 名古屋市昭和区長戸町 4-40
　　　　電話 052-799-7391　Fax 052-799-7984

発売元　星雲社（共同出版社・流通責任出版社）
　　　　〒112-0005 東京都文京区水道 1-3-30
　　　　電話 03-3868-3275　Fax 03-3868-6588

印刷所　富士リプロ

ISBN 978-4-434-29310-8
©Taketsugu Matsumori 2021 Printed in Japan